개정판

한국사회 이야기주머니

열린 구조로 읽는 한국사회

유승호 저

gasse・가쎄

한국사회 이야기주머니

열린 구조로 읽는 한국사회

유 승 호   저

초판 1쇄 \ 1994년 08월
개정판 1쇄 \ 2011년 09월 19일

펴낸 곳 gasse · 가쎄 [제 302-2005-00062호]

주소 \ 서울 용산구 이촌동 302-61 Jeil 201
전화 \ 070. 7553. 1783
팩스 \ 02. 749. 6911
인쇄 \ 정민문화사

ISBN \ 978-89-93489-14-9
값 \ 12,000 원

ⓒ 이 책의 판권은 저자와 도서출판 가쎄에 있습니다. 이 책의 내용 전부, 혹은 일부를 재사용 하려면 반드시 양측의 서면동의를 받아야 합니다.

www.gasse.co.kr

개정판

한국사회
이야기주머니

열린 구조로 읽는 한국사회

유승호 저

gasse · 가쎄

책머리에 　유승호

　인간의 외부 환경은 단순히 외적 대상으로만 존재하지 않는다. 단순한 외적 대상이라면 언제나 인간의 의지에 필연적인 반응만을 보이기 때문에 나 자신에게 맞게 고쳐 나가는 것은 그리 어렵지 않다. 그러나 외부 환경은 또 다른 인간과 조직들로 구성되어 서로 관계를 맺으면서 어떤 법칙을 띠고 버티고 서 있다. 외부 환경은 사물이 아니라 구조로서 독자적인 힘을 갖고 있는 것이다. 이 구조가 개인 생활 곳곳에 침투해 개인을 옥죄기도 하고, 때로는 편하게도 해준다.

　인간사회는 이러한 구조로 짜여 있기 때문에 어떤 하나의 문제가 발생하면 그 문제 하나로 독립해서 존재할 수 없다. 서로 얽힌 복잡한 매듭을 처음부터 풀지 않는 한 매듭을 풀려는 시도는 또 다른 매듭을 하나 더 만들 뿐이다. 수도권 교통문제를 해결하기 위해 도로를 넓히는 것은 당연한 일이다. 그러나 도로가 넓어지면 편해진 교통여건 때문에 인구가 더 몰리게 된다. 그러면 교통사정은 이전보다 더 악화된다. 그래서 수도권의 공공 서비스 확대를 억제하여 서비스 여건을 열악하게 해서 인구집중을 줄이는 방법도 사용한다. 그러나 공공시설이 낙후되면 사람들이 몰리지 않을 것이란 추측은 얕은 생각일 뿐이다. 사람들이 수도권을 떠나기는커녕 인구는 늘어만 가고, 결과는 수도권의 공공 서비스만 엉망이 되는 것으로 끝난다. '하나의 문제에 하나의 대응'은 늘 이렇게 또 다른 문제를 발생시킨다. 한 문제를 새롭게 발생시켜 이전의 문제를 해결하는 식으로는 결코 괴로움이 줄지 않는다.

　구조는 알게 모르게 이렇게 사람들의 생활을 옥죈다. 결국 문제에 대한 접근이나 해결은 좀 시간이 걸리더라도 구조를 파헤치는 접근이어야 한다. 그래서 보통 이런 문제접근 방법을 구조적 접근이라고 한다. 그러나 다른 한편으로는 구조는 이미 사람들의 일상 곳곳에 침투해 있기 때문에 구조에의 적응은 오히려 사람들을 편하게 만들기도 한다. 문제의 배후를 밝히는 구조적 접근법은 인간 당사자에게 잘못을 돌리기보다는 막연한 인간 전체나 구조에 잘못을 돌려 버리니까 말이다. 이러한 성향은 사회문제를 비판할 때도 마찬가지로 나타난다. 그 비판이 배후의 구조로만 돌아갈 때

인간이 할 일이란 없어진다. 이렇게 되면 결국 그 비판은 인간 주체를 버리고 미래에 대한 비관적 전망을 하는 것으로 귀결되고 만다.

구조가 엄청난 힘을 발휘하고 있는 것은 우리가 모두 잘 알고 있지만, 다른 한편으로 우리 눈앞에서 인간의지가 발동하고 있다는 것도 부정하기 어렵다. 이렇게 구조와 인간의 모습을 함께 보면 구조는 단지 인간 행동의 '제약요인'일 뿐 인간을 완전히 지배한다고 볼 수는 없게 된다. 이러한 관점에서 사회문제들을 비판한다면 그 비판은 단지 현실이나 미래에 대한 비관으로 흐르는 것이 아니라 인간의지의 발흥을 통한 발전의 토대로 자리 잡을 수 있다. 이 책에 일관된 비판적 관점들도 이런 발전을 위한 낙관에 기초하려 했다.

어느 나라에서는 방송 DJ가 사람들에게 책을 읽게 하려는 생각에서 도서관 책갈피에 지폐를 꽂아 두었다고 방송하자, 그 결과 책만 훼손되었다. 어떤 영화에서는 DJ가 툭 던진 세상에 대한 조소가 살인까지 불러일으켰다. 물론 방송처럼 그런 큰 파급은 없겠지만 역시 책이란 것도 익명의 독자 대중들과의 대화이고 보면 예상하지 못했던 파급은 어디에나 남아 있는 셈이다. 이런 사실들을 보면 지혜로운 사람은 자신이 말이나 글, 행동에 대해 의도하지 않은 결과나 파급까지도 예상할 수 있는 사람임이 틀림없다. 그러나 그런 지혜를 깨닫기란 쉬운 일이 아니다.

이 글은 단순히 문제를 선달하는 방식보다는 독자들과 대화를 나누사는 의도에서 쓴 것이다. 그래서 기승전결식의 닫힌 구조보다는 되도록 열린 구조로 쓰려고 애썼다. 구체적인 해결책을 결론이라고 명기하지도 않았다. 어찌 보면 해결책은 이미 다 나와 있다. 이제 서로 간의 이야기로 합의하는 절차가 우리에게는 더 절실한 것 같다. 글 속에서는 각 문제가 자본주의 경제와 국가 그리고 역사적 전통과 서로 얽혀 있는 모습들을 비판적 관점으로 드러내려고 했지만, 때로는 비판이 편향되어 비난과 비관에 가까운 듯한 느낌을 받을지도 모르겠다. 그러나 그것은 어디까지나 한국사회의 발전에 대한 믿음에서 나온 비판임을 이해해 주었으면 한다. 독자 여러분께 함께 생각하고 또 함께 비판하는 애정을 바랄 뿐이다.

차례

책머리에 4

시작하는 이야기 \ 한국사회 그리기 11

첫 번째 이야기 \ 중산층 의식의 실상과 그 계급적 의미 31

    우리는 중산층 31
        중간이 좋다? 32
        과거에서 현재로 35
        청소부가 된 말숙이 엄마 39

두 번째 이야기 \ 교통문화와 자동차 읽기 43

    시테크의 운명 43
        조급증과 남성다움 45
        자동차 선호의 사회적 원인 49
        경제와 국가를 끌고 가는 자동차 51
        일상생활의 불안정과 규격화 53

세 번째 이야기 \ 집의 의미와 주택정책의 성격 56

    사기도 힘든 집 그리고 살기도 힘든 집 56
        나그네 설움 57
        새 출발에 맞닥뜨린 거대한 산 59
        미분양 아파트의 허상 61
        위기관리 국가의 위기 63
        주택 재개발과 한국 주택문제의 성격 67

네 번째 이야기 \ 한국의 여가문화 68

여가 없는 여가, 놀이 없는 놀이 68
고스톱과 트럼프의 차이 69
춤과 노래 그리고 음식 73
여가의 탄생과 타락 76
만성피로 증후군의 숨은 의미 79

다섯 번째 이야기 \ 신세대문화 비판 83

번창하는 신세대문화, 그리고 그 배후 83
최첨단 유행의 끝 간 곳 84
유행과 상품의 마모 86
개성의 이기주의화, 솔직함의 망나니화 88
레즈비언 문화는 성 해방 문화인가 90
기로에 선 성 개방 92
구 도식의 재도입: 서구화=진화 94

여섯 번째 이야기 \ 한국인의 파벌 짓기 97

인맥 만들기의 사회 심리학 97
빛과 어둠의 조리사 98
정보화 사회의 조직률 — 인맥 만들기 102
피라미드 속의 인맥 105
속 모르는 부러움 107

일곱 번째 이야기 \ 한국의 아동문제 110

백화점에 버려진 아이 110
고아수출국 112
왜 아이들을 버리는가 114
학대받는 아이들 119

여덟 번째 이야기 \ 한국의 노인 문제 123

    나잇값을 벌어야 하는 노인들 123

        수난당하는 노년 124
        신 고려장 시대의 도래 127
        노인 문제는 어떻게 해결하여야 하는가 129
        노인에게 일부다처제를? 131
        점점 힘이 세지는 노인들 132

아홉 번째 이야기 \ 한국의 교육문제 135

    '한국병'의 기원을 찾아서 135
        대학 졸업장이 미래를 결정한다 136
        교육의 획일화 추구 137
        벼락치기의 사회적 배경 138
        교육 관료제의 엄청난 위력 141
        교육은 시장일 수 있는가 144
        현대사회는 새로운 인재를 필요로 한다 147
        머리와 가슴이 함께 자라는 교육 148
        교사 혼자의 힘으로는 부족하다 151

열 번째 이야기 \ 기독교를 통해 본 한국인의 종교관 154

    한국에서 기독교가 성공한 원인은? 154
        한국의 기독교 155
        기복과 치병 – 한국인 종교의식의 두 바퀴 158
        약해진 종교, 변하는 종교 162

열한 번째 이야기 \ 한국의 일탈문화 167

    일탈의 사회적 의미 167
        자살과 타살의 관계 168

범죄와 시장 그리고 국가 170
십 대 범죄와 마피아 174
개인주의의 극복과 탁발철학 176

열두 번째 이야기 \ 한국의 성문화와 매매춘 180

돈과 성(性) 사이에서 바라본 한국 180
'애인 같은 아내'와 '애인 같은 매춘부 183
사연 많은 매춘부의 길 188
매춘과 숨바꼭질하는 국가 192

열세 번째 이야기 \ 한국의 노동자 상태 195

경영혁신, 직장인의 고뇌 195
조직개편의 더운 바람 196
능력에 따른 월급 197
경영혁신의 선봉장 S 기업 200
경영혁신과 실업의 위협 203
경영혁신과 국가 그리고 나 206

열네 번째 이야기 \ 환경문제 읽기 209

후손에게 빌려 쓰는 땅 209
환경문제의 원인과 파급 – 관료제의 위기 212
환경문제의 원인과 파급 – 생산 제일주의의 한계 217
환경문제의 해결 – 환경기술 218
환경문제의 해결–국가 역할의 변화 222
환경문제의 철학 226

시작하는 이야기 한국사회 그리기

1.

'아이를 잘 만드는 여자'로 유명한 한 한국 예술가는 독일인의 아내로 뮌헨에 살고 있다. 그 여자는 포대기로 아이를 업어 키우고 매콤한 김치가 없으면 밥을 못 먹은 토종 한국인이라 한다. 그렇지만 10여 년간 독일생활을 하다 보니, 이제는 게르만 민족의 땅에서도 살만하다고 생각하고 있단다. 인정 많고 검소한 것이 꼭 우리들의 어머니를 닮은 독일인 친구를 사귀면서부터 그런 생각을 했단다. 독일인에게서 본 삶의 정결한 모습을 한국 땅에 흩뿌리고 싶어져 새 책을 썼다고 한다. 독일 속에서 한국만을 고집하는 것 같았던 그가 독일과 한국의 모습을 접목시켜 시야를 더 넓혔다는 것은 참 흐뭇한 일이다. 독일에 좋은 점이 있다면 당연히 배워야 할 일이다.

이번에는 한국 여인의 남편으로서 한국에 귀화한 한 독일인 이야기가 있다. 컨설팅 회사에서 일하다 한국 여자가 좋아 한국 여자와 결혼했다는 그 독일인은 한 인터뷰 프로그램에서 자신의 결혼담을 유창한 한국말로 이렇게 들려준다.

저는 결혼 상대자로 보수적인 한국 여성을 원했어요. 그래서 지금 아내 된 여자를 소개받았는데, 처음 보자마자 굉장히 한국적이라고 생각해서 그냥 결혼할 마음을 먹었지요. 서로의 사랑을 확인할 만한 시간이 지난 뒤에 제가 결혼하자고 했습니다. 그랬더니 그녀는 시댁 부모님의 허락을 받고 결혼해야 한다고 펄펄 뛰는 것이었죠. 저희 부모님이야 독일에 계셨고, 또 독일 사람들이 어디 부모 허락받고 결혼합니까? 부모들도 그런 것을 원하지 않지요. 자기가 택한 여자면 그걸로 결혼은 충분한 것이 독일이고 또 서구사회잖아요, 그래서 그럴 필요 없다고 했더니 그녀는 그것만은 한국식으로 꼭 부모님을 만나 뵙고 결혼하고 싶다는 것이었지요. 참 난감했습니다. 독일이란 나라를 몰라도 너무 모른다고 생각했지요. 결국 결혼하자마자 독일 가서 부모님께 인사드리는 걸로 타협을 봤습니다. 그래서 결혼 후 곧장 독일로 부모님께 인사드리러 갔습니다. 한국식으로 결혼인사를 드리러 간 셈이지요. 그런데 그녀는 부모님께 하는 인사도 한국식으로 큰절을 올리고 싶다는 거예요. 거참 고집 세다고 생각하면서 그냥 그렇게 하자고 했지요. 그래서 우리 둘이 큰절을 하고 일어나 보니, 글쎄 저희 부모님 눈에서 눈물이 흐르고 있는 게 아니겠어요? 그때서야 저는 깨달았죠. 저희 부모님도 자식들의 존경과 사랑에 감격하신다는 걸 말이죠. 한국인의 정서야말로 정말 세계적이고 보편적입니다. 한국은 세계인에게 감동을 주는 문화를 갖고 있습니다.

그리고 말끝에 그 독일인은 국제화 시대의 진정한 국제화란 이런 한국문화를 세계적으로 알리는 것으로 생각한다는 말을 빼놓지 않았다. '한국적인 것이 가장 세계적이다.' 란 말을 다시 한 번 실감나게 해준 이야기였다. 문화를 양화시켜서 비교할 수 있다면 문화적 경쟁력에서 한국은 어느 나라에도 뒤지지 않는 셈이다. 참으로 이 독일인은 한국에 대한 애정을 철철 넘쳐흐르게 갖고 있다고 느꼈다. 더불어 그는 내가 한국 사람이란 것에 대한 자부심까지 심어 주고 있었다. 이제는 아이 잘 만드는 그 여자의 독일인 칭찬이 별로 반갑게 와 닿지 않는다.

2.

문화는 나라마다 상대적이다. 그래서 한국문화를 국제화 시대의 경쟁력이란 개념으로 만들기는 어려울 것 같다. 그러나 그것은 오해다. 다행히 인간의 정서가 비슷한 면이 있듯이 문화도 경쟁력이 있을 수 있다. 그리고 정말 한국 사람은 한국문화 때문에 한국이 아닌 다른 나라에서 호감을 받는다.

요즘은 해외 유학생들의 위상이 예전 같지는 않지만, 정말로 청운의 뜻을 품고 해외에 공부하러 유학 간 우리 한국 학생들은 웬만한 실력만 갖추면 교수들로부터 총애를 받는다고 한다. 여기서도 이유는 비슷하다.

한국 학생들은 예절 바르고 윗사람을 존경할 줄 안다는 것이다. 교수 옆을 지나면서도 인사 한 번 없는 자국 학생들에게 그냥 익숙해져 존경이란 단어를 잊고 살던 교수에게 깍듯이 인사하며 존경심을 표하는 한국 학생들이 사랑스럽지 않을 리 없다. 물론 한국학생들의 적당한 아부성 발언이 양념이 되곤 하지만. 여하튼 좋은 일이다. 존경의 마음을 미국인 교수에게도 보여 줌으로써 다시 한국정신의 국제 경쟁력이 탁월함을 입증했으니 말이다. 이렇게 한국의 문화는 한국인의 인력개발이란 측면에서 일단 유용한 역할을 해내고 있는 것이다.

  이제 문화 경쟁력을 반대방향으로 한 번 가져가 보자. 인력개발이란 측면에서가 아니라 그 반대로 인력소모란 측면에서도 한국인의 문화 경쟁력은 한몫을 톡톡히 한다. 이른바 '접대 공화국'의 오명 위에 걸려 있는 한국의 문화 경쟁력이 그것이다. 한국인은 예절 바르다. 한국 관광이 아주 좋았다는 말을 공항을 오가는 외국인들에게서 흔히 듣는다. 그런데 이런 말은 한국인과 함께 생활하지도, 또 한국의 수려한 경치를 돌아보지도 않고서, 온통 서구식 빌딩이나 한국식 전통 연회장에서만 며칠을 묵다 가면서 하는 말들이다. 공항에서부터 택시 바가지요금에 시달리는 외국인들이 좋은 관광이었다고 힘주어 말할 수 있는 것은 당연히 한국 접대부에게서 받은 손님대접 덕택이다. 그 예절이란 고분고분 말 잘 듣는 접대부의 인상에 불과하다. 예절을 갖춘 한국 접대부라는 문화 경쟁력 덕분에 인력개발과는 정반대의 몸 서비스가 번성하고 있는 것이다. 왜곡된 문화 경쟁력이 가져다준 슬픈 현실이다.

  예절이 상대의 권위를 보장해 주는 표시라고 생각한다면, 장자권위는 예절을 소중히 보존하는 중요한 원칙이 된다. 예절과 권위는 동전의 양면인 셈이다. 그래서 그런지 예절전통에서만이 아니라 장자권위의 전통도 한국인의 문화적인 경쟁력을 높여 준다.

　백화점 보안요원으로 4년째 근무하는 모 씨는 68세의 노인이다. 경찰관 직에서 은퇴한 뒤 강남에서 일식집을 경영하다가 경험부족으로 빚만 지고 문을 닫았다. 그때까지만 해도 그는 무언가 허전함을 느끼며 살고 있었다. 그런데 백화점의 도난방지 경비요원으로 다시 취업하고 난 뒤부터는 더 건강한 느낌을 갖고 살게 되었다고 한다. 매장을 둘러보면서 소매치기당하기 쉬운 상태로 핸드백을 메고 다니는 고객이 있으면 어김없이 지적한다. 나이 지긋하신 분이 하는 충고에 대부분이 순순히 잘 따른다. 물론 젊은 여성 가운데 일부는 '웬 간섭이냐'라고 짜증을 내기도 하지만. 백화점 측은 이런 노인 보안원들의 도난방지 업무에 만족해하고 있다. 취업하기 어려운 노인들이니 인건비가 싸다는 장점도 있지만, 무엇보다도 도난방지 일의 효율성이 만점이라는 것이다. 노인들의 권위가 실추된 사회라지만 아직은 노인들의 말이라면 순순히 따르는 습관들은 남아 있기 때문이다. 그래서 때로는 고객감시나 검사업무에 노인들이 적절히 배치되기도 한다. 장자존중의 한국적 전통이 한국의 기업 경쟁력을 높여 주는 좋은 본보기이다. 이렇듯 봉건적이고 유교적인 전통이 반드시 자본주의 발전을 지체시키는 측면만 있는 것은 아니다.

　사실 문화 경쟁력도 정신의 산물이 아니라 경제력의 산물인 경우가 많다. 한국인의 전통예절이란 것도 한국인의 몸에 체화되어 있다기보다는 그냥 형식뿐이고 그래서 언제든지 이용할 만할 때만 쓸모 있는 것이 된다. 접대부의 예절이나 노인들의 권위처럼 말이다. 오히려 전통문화는 이미 서구의 경제력이 몰고 온 즉흥적이고 개인주의적이며 쾌락추구적인 문화들에 그 범주마저 사라지고 있다. 이런 과정은 아래 세대로 내려갈수록 더 심화되고 있다. 여기서 한국의 문화 경쟁력이란 개념은 다시 해체된다. 이질적인 문화가 뒤섞여 있는 상황 속에서 국적이란 이제 무의미하고, 또 찾아내 봤자 그 내용이 변질되어 있기 때문이다. 이제는 다른 나라와의 비교가 아닌 현대 한국의 문화 자체가 우리의 일상생활에 어떤 영향을 주는지가 중요한 관건이 된다.

3.

갓을 쓰고 길거리를 다니는 모습은 오래전에는 선비이고 양반임을 나타내는 징표였다. 그 뒤 점차 갓을 쓰는 사람도 있고 서구식 양복을 차려입는 사람이 생겨난 과도기가 있었을 것이다. 지금은 아무도 갓을 쓰지 않는다. 이렇게 사회의 관습은 어떤 하나의 문화가 다른 문화로 대체되어 가는 모습을 적나라하게 보여 준다. 그러나 옷차림의 변화처럼 한 문화에서 또 다른 문화로의 변화와 대체는 한 문화가 사라지고 또 다른 문화가 등장하는 단순한 과정으로 볼 수는 없다.

변화의 과정에서 구문화와 신문화가 서로 따로따로 병존하다가 결국은 구문화가 신문화에 자리를 내어주는 것은 아니다. 그것은 우리 눈에 보이는 외관상의 형식에서나 가능한 이야기일 뿐이다. 인간의 생활을 지배했던 문화가 또 다른 문화의 침투와 그 변화과정에서 순순히 자리를 비켜 주지는 않는다. 오히려 서로 이질적인 문화가 공존할 때 구문화는 어떻게 해서든지 존립하고 생존하려 한다. 그리고 여기서 파생되는 문제는 바로 순수한 구문화도 순수한 신문화도 아닌 새로운 형태의 문화를 만들어 놓는다는 것이다. 그렇다면 이러한 잡종의 문화가 지배하는 생활은 인간생활의 질을 높이는 쪽으로 가는가? 아니면 인간생활에 갈등과 편견을 불러일으키는 쪽으로 가는가?

한국의 이혼율이 급증하고 있다는 사실은 이제 새삼스럽지 않다. 4쌍 가운데 1쌍에서부터 7쌍 가운데 1쌍까지 이혼한다는 통계상의 차이는 있지만 말이다. 1980년대 이후 급증하고 있는 이러한 한국의 이혼율은 대체로 개인주의적 가치관이 팽배해 있기 때문이라고 분석된다. 특히 이전의 이혼사유는 배우자의 부정행위나 폭력 등 어느 한 쪽의 잘못 때문에 이혼하는 경우가 많았지만 1980년대 이후에는 부부간의 성격차이로 이혼하는 경우가 많다고 한다. 부부간의 성격차이가 두드러지는 것은 무엇보다 전후세대의 개인주의적 가치관이 부부 사이에도 침투해 있다는 증거가 되고 있다. 그러나 이렇듯 당연해 보이는 이혼율의 원인분석은 과연 올바른 접근일까.

최근 한국의 이혼율은 유럽의 경우에 비추어 프랑스의 이혼율에 육박하고 있다고 한다. 그렇다면 위의 분석에 따라 한국은 프랑스만큼 개인주의적 가치관이 뿌리 깊다고 말할 수 있다. 그리고 누군가는 이혼율이 가족해체의 상징적 징표이기 때문에 한국이 프랑스만큼 가족해체 경향이 기형적으로 급증하고 있다고 말할지도 모른다. 그러나 과연 프랑스만큼 한국에서 개인주의와 가족해체는 진전돼 있는가? 그렇게 말할 수는 없다. 얼핏 보아도 이해가 가지 않는 주장이기 때문이다. 우리는 남녀 간의 사랑이 자유로운 것에서 프랑스가 유럽에서 최첨단을 달리고 있음을 알고 있다. 남녀 간의 사랑의 방식에서도 서로 간의 개인주의적

의식을 자유롭게 표현하는 프랑스 사회와 아직은 보수적인 분위기가 팽배해 있는 우리 사회와는 상당한 거리감이 있다. 그렇다면 왜 이혼율이 프랑스만큼 높게 나타남으로써 여성의 독립의식과 자립의식이 유럽이나 서구보다 더 강하게 나타나는 것처럼 보일까?

이혼은 결혼을 전제로 한다. 한국의 경우 여성에게 −물론 남성도 마찬가지지만 − 결혼은 인생에서 꼭 거쳐야 할 의례처럼 되어 있다. 결혼적령기가 있음은 말할 것도 없고 그 적령기 때나 또는 적령기를 넘기면 보는 사람마다 '국수는 언제 먹냐'고 한다. 결혼한 뒤에는 '소식 없냐'가 인사처럼 말꼬리에 붙어 다닌다. 이런 대화 풍습은 물론 다른 나라나 지역에서는 큰 실례가 될 정도로 한국인의 남다른 특징이다. 대를 잇는 것을 중시하는 유교적 가치관이 한국인 정신의 유물로 남아 있는 셈이다. 실제로 유교적 정신은 사라져 가는데 유교적 형식만이 줄기차게 그 명맥을 잇고 있는 것이 결혼에 관한 대화에도 녹아 들어가 있다. 그래서 대부분 사람은 적령기가 되면 선을 봐서라도 결혼을 해야 한다. 한국에서의 결혼이 이렇듯 개인 둘 사이의 문제가 아니라 집안과 친지가 관여하는 사회적인 의례이고 그래서 개인에게는 하나의 의무처럼 인식된다. 그리고 결혼의식 자체에서도 드러나듯이 가부장적인 관습이 그대로 남아 있어 결혼과 동시에 남자의 권위는 사회적으로 인정받는 분위기가 형성되어 있다.

그러나 지금은 여성의 지위가 경제적으로뿐 아니라 정신적으로도 − 물론 여성차별의 구조는 여전하지만 − 남성과 대등하게 성장해 왔다. 개인주의적 가치관도 상호 간에 깊이 침투해 있는 것이 사실이다. 이제 스스로 인생을 어떤 규제에도 얽어매지 않으려는 개인주의적 가치관이 기존의 사회 의무적인 결혼 가치관에 대항한다. 그러나 그것이 순순히 잘 진행될 리 없다. 결국 사회적인 인습에 따라 한 번도 경험해 보지 않은 결혼을 하지만 그게 마음에 찰 리가 없다.

이러한 모습들을 함께 고려해 본다면 한국의 이혼율 상승은 결혼제도 자체에 포함된 의무적 성격과 자유로운 개인주의적 가치관이 충돌하면서 생겨나는 것으로 설명할 수 있다. 한국의 이혼율이 프랑스만큼 높다고 해서 프랑스보다 개인주의적 가치관이 더 팽배해 있다고 볼 수는 없는 것이다. 프랑스의 경우, 결혼에 대한 의무감이 우리나라보다는 상대적으로 덜하다. 이른바 결혼 적령기라 하더라도 서로 마음 맞으면 동거도 할 수 있다. 그래서 외형적으로 이혼율은 우리보다 낮게 나타날 수 있다.

그러나 우리는 이 수치의 설명만으로 사회현상에 대한 적절한 해석을 전부 해냈다고 할 수는 없다. 어떤 사회현상이든지 수치와 언어 속으로 묻히는 것은 인간 중심의 사고방식과는 차이가 있다. 우리나라가 어떤 이유로 이혼율이 높아졌건 간에 이혼은 어쨌든 한 개인에게는 큰 고통이다. 즉 그 사회의 이혼율이 높다는 것은 사회구성원들의 고통지수가 그만큼 높다는 말이 된다.

이혼문제는 당연히 그 해결점을 찾아야 한다. 이때 생기는 해결방식 또한 문제발생 대의 복잡함만큼이나 어렵다. 그 해결방식이란 것도 여러 갈래의 길 가운데서 하나를 택해야 하니까 말이다. 우선 매스컴이나 주위에서 자주 들리는 말은 "한 번 이루어진 가정은 상호 간의 인내로 고통을 참아 나가야 한다."라는 전통적인 해결방식이다. 결혼이 의무감 때문에 결혼하게 만든 그 가치관이 그대로 문제 해결에도 적용되는 경우이다. 다른 한편에서는 "제도에 얽매이지 말고 각자의 의사를 존중하여 행동하라."라는 개인주의적 가치관에 입각한 해결방식이다. 어디에 치중하느냐에 따라 해결방식에는 큰 차이가 생길 것이 뻔하다. 물론 결혼 뒤의 이혼율 증가에는 단연 개인주의적 가치관이 더 큰 원인이 될 것이다. 그러나 그 해결 과정에서의 여러 가지 고통은 결국 전통적 가치관과 개인주의적 가치관 사이의 갈등에서부터 유래한다.

이러한 한국의 이혼 사례에서 우리는 문화충돌이 문제를 증폭시킨다는 것과 그 문제 해결의 어려움을 충분히 짐작할 수 있다. 전통적 방식이건 아니면 개인주의적 방식이건 어느 방면으로 대처하든지 간에 고통을 겪기는 마찬가지이고 해결의 가능성도 미지수이다. 여기에다 가정일에 대한 개방적 토론을 금기시하는 사회적인 분위기가 문제의 해결을 더욱 어렵게 만든다.

4.

위의 이혼 사례에서 확인할 수 있듯이, 현대 한국사회의 특징 가운데서 가장 중요한 것을 꼽으라고 한다면 그것은 바로 흔히 '비동시성의 동시성'이라고 말하는 문화충돌, 문화접변 현상이라고 할 수 있다. 농경사회의 대가족제 풍습이 후기 산업사회의 개인주의적 가치관과 뒤섞이면서 공존할 수 없는 것들이 동시에 병존하게 되고 여기서 생기는 여러 사회현상은 한국사회를 규정짓는 특수한 모습이 되고 있다. 비동시성의 동시성은 개인들에게 그만큼 많은 부담과 혼란을 가져다준다. 이것은 어떤 개인의 사회적인 역할이 혼란과 갈등 속으로 들어갈 가능성이 많다는 것을 의미한다. 때때로 현대의 가치관은 전통을 약하게 만드는 것이 아니라 전통을 더욱 왜곡된 방식으로 지속시키려는 힘이 있기 때문에 갈등의 가능성이 증폭되는 수도 있다. 이러한 예를 한국인의 가문의식에서 찾아보자.

한국의 전통적 생활방식에서 큰 비중을 차지하고 있는 것은 '문중'이나 '집안'이라는 동족전통이다. 물론 현대의 서구문화와 산업사회의 가치관이 이러한 문중이나 집안이라는 개념을 퇴색시켰음은 주지의 사실이다. 그런데 문제는 오히려 그 '퇴색의 과정'에서 나타난다. 논의의 초점을 집안이나 문중의 종손이라는 특정한 개인에 맞추어 보자.

전통사회에서 집안이나 문중은 동족마을을 이루어 유교식 전통을 행하는 편제로 잘 짜여 있었다. 여기서 '종손'은 제사를 봉행하는 제사장에 해당하는 지위를 가지고 있었다. 주로 이러한 종손은 동성 내에서 파벌을 통하여 '집안'을 형성하게 되는데, 이때 파벌을 새로 낼 수 있는 자격은 주로 당시 권력을 얼마만큼 누렸느냐에 따라 결정되었다. 그래서 한 파벌의 시조는 주로 벼슬아치들에게서 시작된다. 그 파벌의 시조가 권력을 등에 업고 집안에서도 막강한 권력을 가지고 있었음은 당연했다. 그리고 거기에 걸맞게 많은 토지와 하인 그리고 고대광실도 소유하고 있었다. 이런 조건들은 제사의식의 주인으로서 종손의 권력을 보장해 주는 물질적인 토대였다.

그러나 조선 후기의 급격한 사회변동, 일제하의 토지개혁, 해방 후 농지개혁 그리고 한국전쟁, 이후의 산업화 과정은 이러한 집안이나 문중의 물질적 기초였던 토지 중심의 생활조건을 임금 중심의 생활조건으로 바꾸어 버리고 만다. 임금노동자가 되기 위해 많은 사람이 이농하고 도시로 들어가면서 농촌의 동족마을도 해체된다. 그러나 20세기를 앞둔 현재에도 여전히 결혼이나 집안의 대소사에서 문중이나 집안의 의견을 중요하게 여기는 형식은 그대로 남아 있다. 그리고 종손이 제사를 지내야 하는 의무도 여전히 남아 있다. 그러나 이전에 제사를 지낼 수 있던 종손의 물질적인 토대는 모두 해체되었다. 이제 종손은 자신의 임금을 털어 제사에 소비해야 한다. 하지만 화폐를 권력시하는 현대의 사회 분위기 때문에 이전에 누렸던 제사장의 권력도 없다. 종손의 권리는 사라진 채 제사를 지내야 하는 전통사회의 의무만이 남은 것이다. 결국 임금노동과 전통적 형식 사이의 마찰은 종손에게 생활의 부담으로밖에는 다가오지 않는다. 전통전수의 선봉장인 종손이 누구보다도 먼저 전통적 형식에 대한 의문을 품게 되는 것은 당연하다.

이러한 종손의 불만은 전통의 형식이 오래가지 못하고 해체의 길을 걸을 것임을 예고하는 것이다. 그렇지만 현실적으로 친족집단이 계속 강요하는 제사의 의무감은 종손에게 상당한 부담을 가져오면서 어느 정도 유지되어 가는 것이 보통이다. 단 예외적인 경우로 종손이 '돈이 많은 사업가나 권력자'로 변신한다면 그 집안과 문중의 종손은 이전과 같은 권력을 유지할 수 있는 물질적인 조건을 가지고 친족집단의 리더로까지 활약할 수 있다.

'지위 불일치'라는 사회학적 개념이 이러한 개인의 역할갈등을 설명하는 데 적용될 수 있다. 과거와 현재의 가치관 변화에 따라 자신이 가지고 있는 여러 지위가 서로 일치하지 않음으로써 조화를 잃는다는 지위 불일치 개념은 종손 성격의 변화에도 잘 적용된다. 종손은 임금노동으로서의 지위와 제사장으로서의 지위가 서로 일치하지 않음으로써 개인의 갈등과 고통이 증가한다는 것이다. 이런 지위 불일치는 종손의 경우만이 아니라 한국을 사는 개인들이 겪는 고통과 혼란의 주범이다. 슈퍼우먼 콤플렉스도 그 대표적인 예이다. 며느리로서의 역할, 아내로서의 역할, 어머니로서의 역할, 직장에서의 역할 등 모든 지위에 부응하는 역할을 해내려고 하지만 하루 24시간이란 인간에게 주어진 조건과 하나밖에 없는 몸뚱이로 이 모든 역할을 해내기란 벅차지 않을 리 없다. 이렇게 되면 개인이 가진 지위들 사이에 잦은 충돌이 일어나고, 이것이 그러한 개인의 불안과 부담을 증가시키는 모습이 잦아지는 것은 당연하다. 물론 여기에도 예외는 있다. 돈 많은 귀부인들은 편안하게 시부모를 모실 가정부를 둠으로써 뭇 사람들에게 며느리로서의 역할을 완벽히 해낸다고 칭찬받으며 살맛을 느끼기도 한다.

이렇게 한국의 현대사회에 남아 있는 전통적인 가족형태 때문에 '과연 한국이 핵가족화하고 있느냐'에 대한 의문도 지속적으로 제기되어 왔다. 오히려 종손의 사례에서도 보았듯이, 전통적인 친족의식은 경제적 부 또는 권력과 결합하여 더욱 확대되는 경향도 있다. 핵가족화를 떠받쳐야 할 한국의 개인주의는 어디에도 순수하게 나타나지 않고 있는 것이다.

이러한 사례들에서 볼 수 있듯이, 전통의 잔존은 현대를 사는 사회적인 부를 가지지 못한 개인에게는 이중적인 부담과 고통을 가져오지만, 다른 한편으로는 현대의 산업사회에 잘 적응하여 '성공한 사람에게는' 원래 얻을 수 있는 권력보다 더 많은 권력을 획득하게 해준다.

5.

전통과 현대의 혼재를 약간 확대시켜 보면 그것은 단지 문화적인 측면뿐 아니라 경제적인 측면에서도 그 영향력이 나타난다. 한국 기업구조의 큰 특징인 대기업의 독과점을 통해서 우리는 한국 사회의 문화적 혼재가 가져온 경제력의 양극화를 확인할 수 있다. 물론 여기에는 독점 대기업의 경제력과 자본력, 기술력이 기본이 되어야 하겠지만, 이들 기업의 성장사를 본다면 꼭 그런 요소들만 있는 것은 아니었다. 오히려 '가진 자'에 대한 아부와 '가진 자'에 대한 사회적인 정당화가 선행되었기 때문에 독점대기업이 지속적으로 성장할 수 있는 사회적인 조건이 조성되어 있었다는 것을 부인하기 어렵다. 가진 자에 대한 묵시적인 부러움과 정당화는 한국인의 위계의식에서 유래하고 있다. 그래서 대기업에는 전통이 중요하다. 과거부터의 역사가 길수록 대기업을 향한 존경은 더 길었고 그래서 더 많은 권력을 누릴 수 있었기 때문이다. 출세한 종손이 더 많은 권력을 획득할 수 있듯이 말이다. 한국에서 독점대기업의 강대화는 경제에 부정적 영향을 미치고 대중생활까지 대기업 노동자와 여타 노동자로 양극화시키는 경향이 있는 것이다.

그러나 이것은 독점의 일반적 경향일 뿐이지 반드시 그렇다는 것은 아니다. 독점 자체가 대중생활의 양극화를 막는 예외도 있다. 우리가 들어서 잘 알고 있듯이 스웨덴은 요람에서 무덤까지의 생활을 국가가 책임지는 복지천국이다. 그러나 스웨덴은 세계 어느 나라보다도 독점집중도가 높다. 한국이나 미국보다 높은 것은 말할 것도 없다. 물론 그 독점집중이 한국과 다른 과정이었다는 것은 확연히 드러난다. 스웨덴은 중소기업, 대기업 노동자들이 단합하여 임금상승을 연대하는 전략이 중소기업의 경쟁력을 떨어뜨려 독점집중도를 높였다. 그러나 한국은 정반대이다. 중소기업 노동자의 임금이 오르거나 자본투자가 증가하면 중소기업이 도산위협을 받으니까 중소기업주나 노동자는 여전히 옛날의 경영과 비슷한 임금으로 생활해야 한다. 이러니 중소기업은 매일 그 자리이고 대기업만 번창하게 되는 것이 당연하다. 그래도 스웨덴과는 달리 중소기업이 마구 도산하지는 않았으니 독점집중도는 떨어지는 셈이다.

독점 성립의 과정에서도 짐작할 수 있듯이 독점 강화와 인간생활이 반드시 직접 연결되는 것만은 아니다. 여기에는 정치력이 개입된다. 스웨덴이 높은 독점집중도에도 불구하고 복지천국을 만들 수 있었던 것은 바로 기업을 인간생활에 맞게 통제하는 정치력이 있었기 때문이다. 독점의 강화가 노동조합의 정치력 상승과 같은 궤도에 있었으니 자연스러운 결과였을 것이다. 그러나 한국의 독점 강화는 기업 일방에 의해 진척된 것이었다. 노조나 그 밖의 시민단체가 세력화하는 과정과는 완전히 별개였다. 독점을 규제할만한 정치세력이 거의 없는 역사적 상황인 것이다. 이러니 독점의 강화가 대중생활의 양극화로 직접 나타날 수밖에 없다.

한국 정치력의 부재현상은 한국 정치인의 형성경로가 잘 말해주고 있다. 서구의 경우는 정치인이 되기 위해 다양한 통로를 이용할 수 있다. 그 가운데 한국보다 돋보이는 것이 노조나 환경운동단체, 학계 등 시민공공단체에서 활동한 경력이다. 이러한 활동역사가 지속적으로 유지되면, 그 정치력은 기업 감시와 규제의 힘을 대중의 일상에 연결시키는 작업들로 유감없이 발휘된다. 그러나 한국의 정치인 형성과정은 다르다.

대부분이 법조계, 언론계, 학벌 등을 통해 정치인으로 양성된다. 시민단체나 노조와 연루된 경우는 극히 드물고, 관련이 있다고 하더라도 결국은 기존 정치인의 인맥이 결정적이기 때문에 정치계 입문이란 곧 언제든지 자신이 활동하던 시민단체를 떠날 준비가 되어 있음을 뜻한다.

이런 정치성격에서는 정치와 대중과의 괴리가 크다. 독점기업의 대중영향력도 무자비하게 확산된다. 독점의 지배가 강화되고, 그리고 수사적 정치력만이 번성하면 사람들은 스스로 일상생활에서 인맥과 학벌의 위력을 점점 더 뼈저리게 느낀다. 고졸의 중소기업 사장이 대기업의 수주를 놓치고서 그 원인을 곰곰 따져 보지만 역시 다른 원인은 없다. 결국 학벌과 인맥이 없다는 평소의 심중을 굳힌다. 그러나 지나간 세월을 어찌하겠는가. 자식에게만은 이런 한을 물려주지 말아야 한다는 생각에 공부 지상주의를 위해 사력을 다하는 것이 이제 부모의 도리로 자리 잡는다.

6.

얼마 전에 자식이 부모를 살해한 사건이 일어나 사회적으로 큰 물의가 일었다. 신문과 방송은 연일 '패륜적 범죄'라고 특집기사와 방송을 내보냈다. 가정교육과 학교교육, 해외유학의 문제가 집중적으로 거론되었지만 그 사건의 배후에 부모의 '공부 지상주의'가 도사리고 있음을 거론한 보도는 거의 없었다. 부모를 살해한 그 패륜아는 초등학교 시절 '올 수'를 맞고서 부모에게 받은 칭찬이 그가 받아 본 처음이자 마지막 칭찬이었다. 그때 칭찬의 상으로 받은 비디오는 그 뒤부터 그에게는 향수이자 만족이었다. 첫사랑을 가슴에 오래 간직하는 뭇 사람들처럼 말이다. 향수와 만족이 깊어지면 그것은 우상으로 변한다. 이제 자신이 만들어 낸 우상은 자신의 희망을 대변한다. 우상에게로 전달한 스스로의 희망이 계시로 뒤바뀌어져 다시 내려오면 그것을 거역할 힘은 그에게 없다. 그에게 돈과 비디오는 신이 되어 버린다.

 보통의 아이나 청소년들에게도 좋은 성적이나 공부에 대한 대가로 주어지는 것은 대개 상품이다. 그들도 그것을 원하고 부모도 이것을 들어준다. 부모와 자식이 공부를 두고 유일하게 일치하는 합의점이 바로 상품인 것이다. 게임기나 장난감, 심지어는 자동차가 성적 향상이나 합격의 상징물이 된다. 이렇게 되면 청소년들이 지속할 수 있는 대화구조나 놀이는 없어진다. 성적향상의 대가로 친구와 함께 놀기를 요구하는 경우는 드물다. 그것은 부모의 감시를 벗어나는 것으로 공부에 방해되기 때문이다. 청소년 스스로도 편안히 열린 마음으로 친구와 함께할 수 없다. '언제나 옆에 함께 놀고 느끼고 싶은 친구가 있었으면 좋으련만'. 그러나 그 공간을 채우는 것은 친구가 아닌 대중매체의 위력이다. 낱낱이 소외된 사람들의 쓸쓸한 마음을 향해 텔레비전은 웃음 짓게 만들고 감동까지 느끼게 해준다. 텔레비전은 습관처럼 개인의 생활 속을 파고들어 안방에 들어앉은 것이다. 물론 그 웃음과 감동 뒤에는 엄청난 부를 창출하는 광고주가 버티고 있고, 대중조작의 이데올로기 기술이 덧붙여진다.

 인기 프로 덕에 가족들은 텔레비전 앞에 함께 모여 앉지만, 어디에도 '가족'은 없다. 바깥에서 친구들끼리 다시 모이면 또다시 그 인기 프로그램은 대화의 주제가 된다. 텔레비전은 그곳에 있지도 않으면서 모두에게 켜져 있는 것이다. 함께 있으면서도 그들 자신의 이야기는 어디에도 없다. 이렇듯 대중매체가 그 존립과 번영의 근거를 마련할 수 있었던 것은 당연히 인간소외 덕분이다. 대중매체에서 인간의 공동체를 다시 건설하자는 것은 단지 아나운서의 말로서만 가능하다. 텔레비전은 인간의 공동체를 말하지 않는다. 그것은 사람을 모이게는 하지만, 자꾸 벌거숭이 임금님 앞에서 그 멋진 풍채와 옷을 보고 환호하라고만 할 뿐이다. 텔레비전은 많은 문제를 일으키고 그리고 많은 문제를 보여 줄 수는 있지만, 어떤 문제도 제대로 해결하지 못한다.

7.

한국의 똑똑하고 잘난 대단한 두뇌들이 정치계, 경제계, 언론계를 누비고 있지만, 우리 사회가 눈에 띄게 나아지는 모습은 찾기 어렵다. 그 까닭이 혹시나 잘나고 우수한 두뇌들이 '헛똑똑이' 여서 그런 것은 아닐까. 언젠가 신문에서 읽은 본드 흡입 모자의 사연을 보면서, 우리 사회 각계를 이끄는 그 똑똑하신 분들의 진정한 능력에 다시 한 번 회의를 품지 않을 수 없다.

1994년 늦은 봄. 서울의 한 경찰서 형사계에는 사십 대의 어머니가 십 대 아들, 그리고 아들 친구들과 함께 본드를 흡입하다 경찰에 입건됐다. 일반인들의 상식으로는 도저히 있을 수 없는 일들을 두고 수사관들은 '상종 못 할 사람들을 만났다.' 라는 듯 사건 맡기를 서로 꺼렸다.

상식을 벗어난 일에 대한 단서는 조사를 받던 그 아들의 입에서 흘러나오기 시작했다.

"어머니는 10년 전부터 정신병 증세가 있으셨지만 그리 심한 상태는 아니었어요. 그런데 3년 전에 부모님께서 운영하시던 영세 의류공장이 부도가 났고, 그 뒤 부모님은 별거하시다 결국 이혼하셨죠. 사업실패로 술만 먹고 어머니에게 행패 부리는 아버지와 함께 살 수가 없었던 거죠. 그 후부터 어머니의 병세가 악화되었죠. 저는 친척집에 들어가 살게 되었고 어머니 혼자 서울 변두리 무허가 판잣집에 살게 됐습니다. 그런 가정 형편을 잘 알고 있어서 저도 기술계 고등학교에 들어가 빨리 돈을 벌고 싶었습니다. 근데 색맹이라고 기술계 학교에 가 보지도 못하고, 할 수 없이 뺑뺑이로 인문계를 다녔죠. 그렇지만 혼자 살고 계시는 어머니를 그냥 내버려둘 수 없었습니다. 차라리 공장에 취직해 어머니를 모시자는 생각에 동생과 같이 친척집을 나왔고, 저는 잠실의 카센터에 취직했습니다. 비록 쥐꼬리만 한 월급이지만 원하던 기술자로 첫발을 디뎠고, 내가 벌어온 돈으로 세 식구가 산다는 생각에 그 어느 때보다 가슴 뿌듯한 순간들이었습니다."

나름대로 행복을 느끼며 살아오던 그 아들에게 불행이 다시 닥친 것은 지난해 8월 직장에서 일하다가 오른손을 심하게 다치고 나서부터였다. 결국 동생이 학교를 그만두고 편의점에 취직했고, 동생이 벌어오는 월 35만 원으로 생활비를 해결해야 했다. 그때부터 좌절감에 젖어 살아오던 아들은 비슷한 환경의 친구들과 어울리면서 본드를 흡입하게 되었다. 그런데 아들이 친구들과 본드를 흡입하자 정신이상 상태인 어머니

마저 아들을 따라서 본드를 흡입하려 한 것이다.

"당연히 말렸어야 했지만 병원도 못 가시는 어머님의 상태라면 본드를 흡입하고 현실의 고통을 잊는 것도 좋지 않겠는가 하는 극단적인 생각이 문득 들었습니다." 아들의 이야기를 다 듣고 난 수사관은 할 말을 잊은 듯, 연방 눈물을 흘리는 아들의 머리를 쓰다듬으며 눈시울을 붉혔다.

한국사회의 몹쓸 것들이 이 가정의 곳곳에 스며들어 결국 아들의 효심마저 몹쓸 것으로 만들어 버렸다. 이제 사람들은 이런 안타까운 모습들을 보면서 늘 그렇듯이 또 사회 탓으로 돌린다. 그러나 이제는 '위로'만 치켜져 올라가는 책임소재를 반쯤은 '안으로'도 돌릴 때가 된 듯하다.

첫 번째 이야기 중산층 의식의 실상과 그 계급적 의미

우리는 중산층

붕어빵 장사를 하는 아버지에게 중학교에 다니는 아들이 다가와서는 묻는 말.

"아빠, 학교에서 아빠 직업을 써 오래요. 뭐라고 써요?"

"아빠 붕어빵 팔잖아. 그러니 붕어빵 장수지."

"어휴, 아빠도. 창피하게 어떻게 붕어빵 장수라고 써요."

"그렇겠구나. 음……. 그럼 '수산업'이라고 써라."

한때 유행하던 유머이다. 아마 '붕어빵에 붕어 들어가요?'라는 유머가 있었는데 이것이 누군가의 머릿속에서 발전되어 퍼져 나갔던 것 같다.

사람들에게 공감을 주었던지 이 유머는 국화빵 장수를 '원예업'으로, 봉투 접는 일을 '제지업'으로 바꾸면서 시리즈물로 지속되기도 했다. 그렇지만 나에게 이 농담은 그냥 웃음으로 스쳐 지나가지 않고 씁쓸함을 남겼다. 그 씁쓸함은 한 일본인이 〈추한 한국인〉이라는 제목으로 한국인을 비난하며 쓴 책자를 봤던 기억 때문이었다. 그 책에 한국인은 이렇게 씌어 있었다. "한국인들은 장인정신이나 공인의식이 부족하다. 자신의 직업을 이야기할 때도 떳떳이 구체적으로 말하지 못하고 대충 농업, 공업, 상업, 서비스업이라고 마치 사업을 하는 듯이 말한다. 그래서 특히 한국인들이 자신의 직업을 말할 때에는 믿지 않는 것이 좋다. 우리 일본인은 아버지가 국숫집을 하건 청소부건 떳떳이 국수장수, 청소부라고 이야기한다. 일본에는 비록 자그마한 국숫집을 하더라도 대를 이어 장사하는 가게들이 많고 이를 자랑스러워한다." 대충 이런 내용이었다. 일본인 스스로 제 자랑하는 것으로 치부하면 그만이었지만 머릿속에는 언젠가 TV에서 봤던 한 일본 요리점 주인의 모습이 떠올랐다. 동경대학을 나와 가업을 계승하기 위해 미꾸라지 요릿집을 경영한다던 그가 300년 전의 외상장부를 내보이며 웃던 낯은 혹시 우리를 비아냥거리던 것이 아니었을까.

중간이 좋다?

"당신은 상류층, 중산층, 하류층 가운데 어디에 속한다고 생각하십니까?"라는 질문은 그 사람의 주관적인 계층의식을 알아보기 위해 사회

조사에서 자주 쓰이는 평가 질문이다. 우리나라 사람들은 이 항목에 어떻게 답할까? 실제 객관적인 지표를 통해 각 계층의 비율을 보면 상층, 중층, 하층은 각각이 대체로 2%, 40~50%, 50~60% 정도 나타난다. 이때 객관적인 지표의 기준이 되는 것은 그 사람의 재산소유 상태, 사회적 위치, 교육 정도, 직장상황 등이다. 그러나 스스로의 주관적인 계층귀속감을 조사해 보면 중층이 대체로 60%를 넘어서고, 많으면 80%를 넘어가기도 한다. 이렇게 보면 우리나라 사람들은 자신의 지위를 낮추거나 높여서 중간 정도의 위치를 스스로 택하는 성향이 있는 것이 사실인 듯하다. 통계대로라면 특히 하층에 속한 사람들이 중층으로 스스로의 계층귀속감을 상승시키고 있다. 왜 그럴까? 한국인은 드러나지 않는 중간을 좋아해서 그런 것인가. 아니면 그놈의 밥도 먹여주지 않는다는 체면 때문인가.

이것은 중간을 선호하는 의식도 아니고 체면을 유지하는 것도 아닌 한국인이 전통적으로 가지고 있던 동류의식에서 일단 그 근원을 찾을 수 있다. 우리는 일상생활 곳곳에서 이런 동류의식을 발견할 수 있다. 우리나라 사람들은 식당에서 음식을 주문하고도 옆 사람이 다른 것을 주문하면 때로는 그것과 똑같은 것으로 바꾼다. 그리고 누군가와 대화할 때도 온갖 화제를 꺼내 가며 서로의 공통점을 찾으려고 노력한다. 혹시나 같은 부대에서 군 복무를 했는지, 아니면 혹시나 같은 학교에 다녔는지, 아니면 가족상황에 공통점은 없는지, 서로 통하는 그 무엇을 찾기에 여념이 없다. 그리고 만약 어떤 공통점이 성공리에 찾아진다면 그때야 '휴~' 마음속의 안식을 얻는다. 물론 이것을 줏대가 없다고 생각할지 모르겠다. 실제로 다른 나라 사람들은 상대방과 같은 음식을 시키려고 자신의 메뉴를 바꾸는 한국 사람을 이해하지 못하고 매너가 없다고 비난하는 경우도 있다. 그렇지만 이미 한국 사람에게는 '같은 음식을 시키는 것'이 상대방에게 호의를 표하는 문화로 자리 잡았다. 이러한 동류의식이 계층조사에서도 많이 작용하는 것이 사실이다. 중류층이 많으니까 다수 층을 따라가서 동질화되려고 하는 심성이 내면에 깔린 것이다. 만약 앞으로 양극화가 더욱 심해져 하류층이 많아진다면 중산층이 아니라 다수 층인 하류층에 자신을 귀속시키는 것도 자연스러운 일이 될 것이다.

그런데 문제는 어떻게 이런 동류의식이 자본주의가 완연한 현대 한국인에게까지 살아남아 있느냐 하는 것이다. 우리의 상식으로 자본주의 이념은 개인주의와 상통하지 동류의식과는 별 관련이 없다. 시장이 중심이 된 자본주의에서 개인들은 서로 경쟁할 수밖에 없고 또 개인적인 소비를 통해 스스로를 유지해야 하기 때문에 개인주의화하는 것이 당연하다. 그러나 우리나라의 자본주의 발전과정은 다른 나라들과는 다르다. 일제식민지시대를 거쳤고 한국전쟁과 전쟁복구기 그리고 군부집권기를 거쳤다. 한국전쟁 때에는 좌익과 우익 이데올로기 속에서 생존을 위해 좌익도 되고 우익도 되어야 했던 시절이 있었다. 소수로 남아 있었다면 언제 해를 입을지 모르는 이데올로기적 대치상황은 생존을 위해 대세에 적응하는 힘을 키워주었다.

이후 자본주의는 국가 주도로 원조나 차관에 의해 급속하게 성장해갔다. 자본주의가 자생적으로 점진적인 발전을 해왔던 것이 아니라 외부에 의해 그리고 국가에 의해 급속히 진행되었던 것이다. 국가에 의해 주도된 자본주의였기 때문에 기업이나 산업발전, 고용 등이 모두 계약이나 경쟁이라는 자본주의적인 경제원칙이 아니라 국가가 자의적으로 실행한 원칙이 자본주의를 형성시켰다. 국가권력과 조금이라도 가까운 사람이 있으면 인맥이나 지역에 따라 성장의 실익을 챙길 수 있었다. 능력이 없어도 부자가 될 수 있는 좋은 시절을 구가한 사람들은 따로 있었던 것이다. 이들은 성장의 공로자이자 피해자였던 노동자를 우습게 알고 주먹과 깡다구로 세상을 살 수 있다고 생각했다. 못살겠다고 저항하면 '어느 안전이라고 덤벼! 이 배은망덕한 것들!' 하면서 똥물을 뿌려대었다. 가난하고 못산다는 그 자체로 멸시받던 시절을 우리 기성세대들은 이미 몸으로 겪고 눈으로 확인하며 살아왔다. 이들에게 스스로가 하층인데 왜 중류층이라고 생각하는지 그 허위의식의 이유를 대라고 요구하는 것은 너무 큰 짐을 지워 주는 것이라고 본다. 더군다나 1960, 70년대에는 생각도 못해 본 텔레비전, 냉장고, 중형자동차, 심지어는 컴퓨터까지 소유할 수 있게 되었으니 '그냥 이 정도면 됐지.' 하는 자조와 만족을 주는 여건까지 마련된 셈이다.

과거에서 현재로

이제 전통과 역사적 관점에서 접근해 보는 관점을 현재의 사회상황으로 옮겨와 보자. 과거의 동류의식 전통이 한국 사람들에게 많이 남아 있고 그것이 중간층으로 편향된 한국인의 주관적 계층의식에 많은 잠재적 역할을 해냈다는 것은 충분히 수긍할 수 있다. 특히 급속한 경제성장에 따라 가정 내 내구소비재가 증대하면서 중간층 의식을 유지시켜 준

물질적인 여건도 있었다. 그러나 이것은 현대를 살아가는 사람들의 의식에 대해 단지 한 부분만을 보여 줄뿐이다.

사람들의 의식은 자신의 과거와 현재 상황을 늘 왕래하며 살아간다. 사람들이 자신의 처지를 판단할 때도 마찬가지 과정을 거친다. 크게 두 가지 방식을 사용한다. 하나는 과거의 나와 현재의 나를 비교하는 방식이다. '보릿고개 넘을 때는 굶는 것이 식은 죽 먹기였지'라며 과거를 회상하는 중년 세대에게는 하얀 쌀밥에 고기반찬을 앞에 두고서도 투정부리는 아이들이 애처롭게만 보인다. 실업자 생활을 청산하고 입사한 젊은 사람에게는 처음의 힘든 시간외 근무는 '이 정도쯤이야'라는 자신감으로 넘길 수 있다.

자신의 처지를 판단하는 또 다른 방법 가운데 하나는 현재의 자신을 다른 사람과 비교해 보는 것이다. '그놈은 부모 잘 만나서 외제차 타고 다니는데 나는 차 한 대 없으니', '걔는 벌써 부장 진급했는데 나는 아직도 만년 과장 신세'라고 생각하는 사람들은 언제나 자신의 위치를 남들과의 비교로 판단한다. 그래서 현재의 경제적 위치와 권력 정도가 자신의 위치를 파악하는 중요한 기준이 된다.

이런 두 가지 방법으로 개인의 위치를 판단하는 방식을 좀 단순화시켜서 보면 계급의식에 접근하는 방법에도 그대로 적용시킬 수 있다. 개인의 과거 경험으로 현재를 파악하는 전자의 경우를 경험적, 역사적 방법으로, 그리고 현재의 사회구조 속에서 자신의 위치를 판단하는 후자의 방법을 객관적, 구조적 방법이라고 말할 수 있다. 한국인의 중간층 의식을 동류의식과 역사적 경험으로 보았던 앞의 서술은 한국인의 전통의식과 개인 경험을 기준으로 계급의식을 설명한 것이라고 할 수 있다.

그렇다면 이제 또 다른 접근방법인 현재의 구조 속에서 한국인의 중간층 의식을 설명할 방법은 무엇일까?

한국인의 교육열은 엄청나다. 그러나 오해가 없기를 바란다. 실제로 교육열은 학생의 교육열이 아니라 부모의 교육열에 불과하다. 교육열이 이렇게 뜨겁게 달아오르는 이유는 부모들이 공부를 열심히 다시 해보겠다는 것이 아니라, 자식을 통해 안정된 신분을 획득하려는 욕구가 강하다는 것을 뜻한다. 교육열이 대개는 한국의 중간층 사람들이 주도한다고 하지만 일부 빈곤계층을 제외하면 대부분의 하층계급에도 교육열 욕구는 퍼져 있다. 이러한 상승기대와 교육적 가치가 비록 객관적 지표로는 하층계급에 속하는 사람들일지라도 스스로를 하층계급으로 분류하지 않게 만들고 있는 것이다.

그리고 아직은 중산층 문화가 자리 잡히지 못한 것이 오히려 중산층 귀속의식을 높여주고 있다. 많은 사람에게 "왜 당신을 중산층이라고 생각하시죠?"라고 물어보면 일단은 어느 정도 생각한 후에야 답이 나온다. 중산층이라고 이름 붙일 만한 실체가 없는 것이다. 그래서 대체로 나오는 답은 이렇다. 집에 가구 많겠다, 자동차 있겠다, 스마트폰도 있겠다, 뭐 이 정도면 살 만하지 않아요? 그리고 가끔 동남아쯤으로 해외여행도 다녀오고 그러면 중산층 아니에요? 그래서 한때는 어떤 유명인사가 중산층을 이런 식으로 평가하기도 했다. "1970년대는 텔레비전을 가진 집이 중산층이라고 할 수 있었고, 80년대에는 딸을 대학 보낼 정도의 집, 그리고 90년도에는 중형자동차를 가지고 있는 집 정도가 중산층이라고 할 수 있을 것 같은데요."

중산층을 판단하는 일정한 기준이 없기에 대체로 눈으로 보이는 경제력에 따라 중산층인지 아닌지를 판단하는 쪽으로 기울어지고 있다. 그래서 대중들은 중산층 범주가 하층계급과는 다른 문화나 생활양식을 지녔다고 보지는 않는 것이다. 그 탓에 많은 사람이 스스로를 중간층이라고 생각할 수 있는 자의적 판단의 여지를 주었다. 하층계급을 지지하는 많은 개혁적 노력이 한국인의 보수적 기질 때문에 수포로 돌아갔다는 어느 퇴임정치인의 항변도 그 배후에는 바로 한국인의 막연한 중산층 의식이 두껍게 자리 잡고 있었기 때문이라고 짐작할 수 있다.

그러나 실제로 중간층이 의미 있는 이유는 이들의 경제적 위치뿐만이 아니라 문화적 정치적 의미가 중요했기 때문이었다. 프랑스의 경우를 잠깐 보면 대중들에게 중간층은 일주일에 책 한 권 정도를 읽는 교양과 예절을 갖춘 사람 그리고 도덕에 민감한 사람 등 대체로 문화적 기준으로 판단된다. 이들 중간층이 갖춘 소양을 보건대, 정치적으로 문화적으로 민주주의를 이끌어 갈 만한 부류라고 할 수 있다는 것이 역사적으로 중간층이 중요하고 의미 있는 이유이다. 우리 눈에는 몇 푼 되지 않는 '몇 백만 원'의 뇌물을 받은 죄밖에는 없지만 수상자리까지 내놓아야 했던 일본의 어느 수상을 보고, 그리고 성의 자유가 완벽히 보장된 미국에서 여자와의 '자그마한' 연애사 소문에 대통령 자리까지 흔들리는 분위기를 보면 왜 중산층이 주요한 정치적 실체가 되는지를 확인할 수 있다.

우리나라도 차츰 중산층들이 그들의 정체성을 만들어 가고 확인하려는 행위가 많이 보였다. 주거지가 아파트촌화하고 계층별로 지역 간 분할이 생기기 시작하면서 특히 중산층 문화가 다른 문화와 구별되는 모습을 보이고 있는 것이다. 여름휴가 때는 해외로 휴가를 가고, 겨울에는 리조트에서 스키를 타면서 소비문화를 누린다. 그리고 휴일에는 교회에

나가는 것으로 스스로 중산층임을 확인하는 것이 아마도 중산층 문화로 처음 자리 잡혀가는 움직임들로 드러난 것 같다. 집도 아니고 직장도 아닌 다른 장소에서, 비슷한 경제적 지위를 가진 사람들끼리 서로 같은 공간에 있는 것으로 자신의 사회적 지위를 인정받는다고 생각한 탓일 것이다. 그러나 어쩌면 중산층이 경제적으로만 평가되는 배타적인 부류로 자리 잡힌 것은 아닌가 걱정스럽다. 중산층 계급과 문화가 제대로 된 궤도를 타고 가려면 아직도 시간은 멀다는 느낌이다.

청소부가 된 말숙이 엄마

말숙이 엄마는 남편이 중견업체의 중간관리자로 있고, 중고등학교에 다니는 세 자녀가 있는 어엿한 중산층이라고 할 수 있다. 3년 전 아이들 교육문제도 있고 동네 수준도 있고 해서 좀 무리가 되긴 했지만 강남의 한 부촌 아파트 동네로 이사 왔다. 말이 부촌 아파트이지 말숙이 엄마는 20평 남짓한 아파트에 입주할 수밖에 없었다. 다른 동네에서는 아파트 한 채를 너끈히 살 수 있는 전셋값이라고 하지만 웬만한 전셋집이면 수억대를 호가하는 이 동네에서는 '가난한' 쪽에 끼는 셈이었다. 물론 억척스러운 말숙이 엄마는 열등감보다는 좋은 동네에서 살게 되었다는 뿌듯함을 더 느끼며 살아왔다. 그런데 요즘 말숙이 엄마에게 남다른 고민이 생겼다. 큰애가 고3이 되고 작은애도 중3이 되면서 아이들 학원비 같은 사교육비가 만만치 않기 때문이다. 많이 번다고 벌어 오는 남편의 월급으로는 아이들 과외는 고사하고 학원비를 충당할 자금을 마련하기도 어렵기 때문이다. 때마침 아는 친구로부터 학원에서 청소를 해주면 아이들 학원비를 무료로 해주겠다는 소개제의를 받고서 망설임도 잠시뿐 곧바로 수락하겠다는 결정을 내렸다. 아이들이 없는 낮 시간을 이용해 학원을 청소해 주고 아이들 학원비를 번다는 조건이 마음에 들었던 것이다. 얼마 동안은 괜찮게 지나갔다. 그렇지만 얼마 안 있어 학원에서는 말숙이 엄마가 학원 청소부로 알려졌고, 알만한 사람들을 통해 말이 퍼져 가면서 아이들과 남편도 결국 알게 되고 말았다. 그 뒤 말숙이 엄마가 청소부 일을 계속할 수 없었음은 두말할 나위도 없다. 그러나 청소부 일을 못해서가 아니라 자신의 생활에 대한 회의가 들면서부터였다. '가난하지도 않은 내가 왜 이 고생을 하면서 이곳에서 살아야 하나.' 이 동네로 이사 온 것부터가 찜찜해지고 교육비 걱정하지 않고 가정 생활하는 주위 사람들의 모습에서 좌절감과 배신감까지 느끼기 시작했던 것이다.

말숙이 엄마는 객관적으로 평범한 중산층이면서 기대 정도는 그 수준을 훨씬 넘어서고 있다. 이와 똑같이 객관적으로는 중산층이 아니면서 스스로를 중산층이라고 생각하는 사람들이 많다는 것은 그만큼 스스로의 생활을 높게 평가하는 사람들이 많다는 것으로 받아들일 수 있다. 자신이 어느 정도 수준에서 산다고 생각하는 사람들이 많다는 이야기다. 척박한 인생살이에서 낙관적인 생각을 해낼 수 있다는 것은 정말이지 현대를 살아가는 커다란 지혜일지 모르겠다. 그래서 중산층의 의식은 늘 불확실한 미래보다는 안정된 오늘을 바라는 보수적 의식이 스며들어 있다고 판단할 수도 있을 것이다.

그렇지만 낙관적이고 자기만족적인 중산층 의식은 때로는 미래에 대한 커다란 희망과 현시에 대한 좌절도 동시에 갖추고 있다고 한다면 이것은 과연 모순된 이야기일까? 중산층 의식 가운데 많은 부분은 미래에 대한 희망의 표현이다. 나도 한번 잘 살 수 있겠지 하는 기대가 중산층이라는 허위의식의 가면을 쓰게 만들었던 것이다. 기대가 크면 실망도 크다. 만족을 크게 느끼는 사람이면 낙담도 크게 느낀다. 중산층 의식이 널리 퍼져 있다는 것은 중산층의식 자체가 현실과 동떨어진 기대로 이루어져 있다는 것이다. 그러나 그 현실이 중산층 의식의 이상을 받쳐주지 않는다면 어떻게 될까. 더 큰 좌절감 속에 빠져 버리는 것은 불을 보듯 뻔하다. '상대적 박탈감'에 빠질 가능성이 더욱 커지게 된다.

상대적 박탈감이란 자신의 성취능력과 기대 수준 사이에 커다란 격차가 생길 때 나타나는 좌절감을 일컫는 말이다. 문제는 중산층의식에서 '상대적 박탈감'이 '즐거운 상승기대'보다 점점 더 커질 가능성이 현실 곳곳에서 퍼져 나가고 있다는 것이다. 중산층 의식으로 향한 기대심리 가운데 가장 큰 지주였던 교육이 점점 그 위세에서 빛이 바래 가고 있다. 과거에는 교육이 계층상승의 도구라 할 수 있었다. 대학교만 가면 집안의 생계와 명예가 보장되었으니 말이다. 그러나 지금은 아무나 대학 문턱에 들어서는 시대가 되었다. 1990년대 말에는 대학정원 수가 입학생 수를 넘어섰다. 교육을 아무리 많이 받아도 실업자 신세를 면하지는 못한다. 명문대를 나온다고 쳐도 대부분이 기껏해야 봉급쟁이 신세다. 유학 정도는 갔다 와야 하고 내로라하는 학위도 있어야 교육적인 위세가 서는 판국이다. 내 아들 교육시켜 봤자 그 모양 그 꼴이라는 생각이 생기기 시작하면서 결국 부모는 후회와 좌절의 생을 살아갈지도 모를 일이다. '결국 있는 놈들만 잘 먹고 잘 사는 세상이여.' 스스로를 중산층이라 생각했던 사람은 더 큰 좌절감에 빠져 버리고 만다.

여기에다 중산층들은 이제 그들의 경제력을 바탕으로 배타적인 문화를 형성하려고 한다. 스키다, 콘도다, 과외다, 일류대다 하면서 대화의 주제가 한정되어 가고, 그런 문화 속에서 중산층들은 그들 스스로 동질감을 느끼지만, 그럴수록 중산층 의식을 가졌던 사람들은 하나둘씩 낙담과 무력의 생활로 들어선다. 그래서 말숙이 엄마의 푸념처럼 '나도 해봤자 별수 없군.' 하는 생각이 드는 순간부터 중산층은 상층과 하층을 중재하는 완충 역할을 청산하고 새로운 반항을 준비하는 대열에 낄지도 모르는 일이다. 그러나 중산층이 이러한 소외의 감정 없이도 민주주의 변혁의 동력이 될 수 있다면, 그것이 더 바람직스러운 일이다.

두 번째 이야기 | 교통문화와 자동차 읽기

시테크의 운명

경기도 남양주시에 내각리라는 시골 냄새 풀풀 나는 조그마한 마을이 있다. 지금이야 초라한 보통 시골 동네지만 조선 개국 당시에는 이성계가 조선의 대궐로 삼으려 했다는 일화도 있는 곳이다. 그래서 아직도 대궐터라는 지명이 딸려 있다. 이곳에 지어진 연립주택 가운데는 이 지명을 따서 이름을 대궐빌라라 붙인 주택도 있으니까. 물론 대궐 같은 빌라가 아니라 15평 남짓한 서민용 연립주택에 불과하지만. 또 이곳은 문화재이기는 하지만 밖으로 자랑할 만한 문화재가 아니어서 그랬는지 '비공개' 문화재가 많다. 사람들이 잘 모르는 몇몇 조선 시대 후궁들의 묘가 왕릉 뺨치게 근사하게 단장되어 있다. 왕에게 총애를 받았던 후궁들이 아마 죽어서도 성은을 업었던가 싶다. 뒷산에 있는 봉영사란 절에 가면 맑은 약수뿐만 아니라 봄, 가을이면 산에 흐드러진 꽃과 단풍을 한눈에 담을 수 있다. 서울 근교치고는 찾아보기 힘든 깨끗하고 물 맑은 동네이다.

이런 천혜의 환경에 비해서는 집값이 턱없이 싸다. 이유는 간단하다. 서울로 나가고 들어오는 교통이 불편하기 때문이다. 교통은 집값을 좌지우지할 정도로 커다란 위력을 발휘하게 되었다. 서울로 나가는 차가 30분에 한 대씩 오는 경우는 다반사이고, 다행히 버스가 와도 사람이 꽉 차서 서서 가야 한다. 세상이 싫어지는 건 당연하다. 지하철 2호선 속에서 소리 지르는 사람들은 그나마 나은 편이란 소리가 나올 정도니까. 막히면 청량리까지 족히 2시간은 잡아야 하고 밤 11시 정도만 되면 막차가 끊기곤 해서 총알택시 쪽으로 발걸음을 옮겨야 한다. 밤에 자주 돌아다니는 사람들은 '목숨 걸고' 총알택시를 종종 이용한다. 보통 이 총알택시로는 평균 시속 120킬로 정도로, 청량리에서 내각리까지 30분이면 도착한다. 한 번은 엄청난 속도로 달리고 있는 한 총알택시 기사 아저씨와 택시 안에서 이런 대화가 오고 갔다.

"아저씨, 이렇게 속도를 내면 보통 밤에 몇 번 들어왔다 나갔다 하세요?"

"적어도 두세 번은 뛰어야지요. 그 정도는 해야 밥벌이가 되죠. 밤에는 완전히 시간싸움이죠. 그래서 이렇게 총알처럼 달리니까 총알택시라 안 그럽니까."

"아저씨는 제가 타 본 택시 중에서 제일 빨리 달리는 것 같아요."

"나도 좀 빨리 몰죠. 그래도 아직 기록은 못 깼어요."

"기록이요? 무슨 기록이요?"

"청량리에서 내각리까지 10분대에 주파한 사람이 있습죠."

'10분대면 어떻게 갔다는 이야기야, 대체 날아간 것 아냐? 담력이 최고로 센 직업을 가진 사람이 스키 선수라고 하더니, 정말 담력이 센 사람은 따로 있었구먼.' 내 호기심은 곧 그 기록을 세운 기사에게로 넘어갔다.

"지금 그 기사 아저씨는 뭐하고 있어요?"

"뭐하긴요, 사고 나서 죽었죠."

더 이상 할 말이 없었다. 쓴웃음도 잠시, 쌩쌩 달리는 택시 안의 자리가 이내 가시방석처럼 따가워졌다. 먹고 살기 위해 빨리 살아야 했고, 이제 그 빠른 것은 사회적인 미덕이 되어 버린 나라 한국. 먹고 살기 위해 조급해야 했던 것이 지금은 그 조급증 때문에 목숨 걸고 살아가는 한국인, 왜 한국인은 이리도 심한 조급증 속에서 살아가야 하는가.

조급증과 남성다움

거리를 다녀 본 사람이면 다 알겠지만 운전을 험하고 성급하게 하는 사람들은 대부분 남자다. 여자들이 운전을 조심스럽게 하면 남자들은 대뜸 '답답하다'라며 운전기술 부족으로 떠넘겨 버리거나 심한 경우 위협까지 서슴지 않는다. 이미 조급하고 바쁘고 급한 것은 남성적인 가치로 변해 버렸다. 우리 사회에서 남자들은 바빠야 한다. 집안의 가족을 부양해야 하기 때문에 돈을 벌어야 하고 그래서 바쁘게 보이는 사람일수록 가족과 사회를 위해 봉사하는 사람처럼 보인다. 느긋한 남자일수록 능력 없고 제 할 일을 못하는 남자다. 반면에 여자는 집안일이나 하는 여유로운 안주인이래서 바쁘게 보이면 고약한 여자가 되어 버리고 만다. 그래서 여자가 운전을 험하게 하면 '초보'가 되지만 남자가 험하게 하면 '멋진' 운전솜씨로 둔갑한다. 이러한 가부장적인 사고방식과 그것이 산업화 속에서 남성들에게 부과했던 '바쁘기 강박관념'이 교통문화를 저질로 바꾸어 놓는 데 커다란 줄기를 형성해 왔다.

그렇지만 이런 '남성적임'이 한국에서만 과잉 조급증으로 나타나게 하는 또 다른 촉매 역할은 남성들의 군대문화라고 할 수 있다. 대부분의 한국 남성들이 군대생활의 경험이 있고, 정규군인이 아니었다고 하더라도 남성이라면 이미 주위의 담화 속에서 군대문화에 모두 익숙해져 있다. 그런데 군대에서 배우는 생활방식이란 한마디로 '신속함'이다. 선착순으로부터 시작해서 군대행정까지 신속한 것이 군대에서는 생명유지와 같은 의미를 담고 있다. 어물쩍하거나 빈정댔다가는 무서운 질책으로 이어지고, 심하면 폭력으로 이어지기도 한다. 설사 일을 제대로 못한다 하더라도 잽싸게 움직이는 것이 상책이다. 그래서 우리 부모들은 남자들이란 군대를 갔다 와야 한다고 하신다. 군대를 갔다 오면 일단 사람이 부지런해진다고 생각하시기 때문이다. 군대에서 배운 부지런함은 겉으로만 그럴 뿐, 실은 그 내실에서 얼마나 탄탄해지는지는 아무도 모르는데도 말이다.

원래 우리 전통은 언제나 여유와 느긋함이 미덕이 되어서 심지어는 뛰는 것조차 꺼리는 분위기였다. 이른바 양반문화가 그런 여유의 원류였다고나 할까. 사회는 언제나 상층문화를 동경해 왔듯이 사람들은 이런 양반문화를 닮으려고 애썼고, 우리 할아버지, 할머니의 세대들은 허겁지겁 뛰어만 다녀도 어디서 경거망동이냐고 야단쳤던 분위기 속에서 살았던 분들이다. 물론 양반들이 느긋할 수 있었던 것은 그 밑에서 뛰어다니며 궂은일을 해냈던 하인들의 노고가 바탕에 깔려 있었다는 것을 잊어서는 안 된다. 봉건시대라 하더라도 평민들 또한 자연의 리듬을 타는 농경 생활 덕분에 때로는 자연이 주는 여유로운 공간 속에서 그들 삶의 문화를 일구어 나갔다.

느긋함에서 조급증으로 순식간에 변해 버린 한국 사람의 심성을 느끼는 사람이라면 우리 근현대사가 얼마나 소용돌이 속에서 휘몰아쳤는지를 짐작할 수 있을 것이다. 한국 현대사 속에서 남한 정부가 목표로 했던 두 가지 이데올로기, 즉 고도성장과 반공주의를 지금 우리 세대는 비판하고 있다. 하지만 이미 그 유산은 알게 모르게 우리 몸속에 습화되어 달라붙어 있다. 고도성장에서 유래한 바쁜 사람 우선 가기, 그리고 반공주의의 산물이었던 군대문화의 신속함, 이것들이 한국사회에서는 어느덧 하나의 위세로 표시되고 있다. 고도정보화 사회에 사는 현대인이 이런 분위기에 찌들어 있음을 우리는 거리 곳곳에서 목격한다.

바쁜 것이 우대받는 세상에 어떤 사람이 양보라도 하려 하면 뒤차가 빵빵거린다. 양보하려는 사람이 어차피 남을 위하는 마음이 있는 사람이고 보면 뒤차에서 빵빵거리는 사람도 남이니까 꿋꿋하게 양보하려는 마음이 사그라질 것이 뻔하다. 깜빡이 켜고 끼어들기 하는 차를 보면 그냥 가다가도 갑자기 바쁜 척 잽싸게 앞으로 나와 끼어들기를 방해한다.

그래서 끼어들기를 하려는 차는 깜빡이를 켜지 않고 있다가 상대 운전자가 방심한 틈을 타서 잽싸게 끼어들어야 한다. '방심하고 있던' 운전자의 위세가 한풀 꺾이는 순간이다. 이것이 우리 교통문화의 현주소이다. 이런 상태에서 교통사고가 일어나지 않기를 바라는 것은 기적이 일어나기를 바란 것이라고 본다.

이런 교통문화에서는 오히려 교통체증이 일어날 때 마음이 편할 때도 있다. 적어도 생명을 위협하는 대형 교통사고는 일어나지 않을 테니까 말이다. 그러나 그것은 겉에서 드러난 사실일 뿐 실은 교통체증과 교통사고는 같은 뿌리에서 타고난 한 자식에 불과하다. 교통체증은 자동차의 증가로 생긴다. 그런데 문제는 자동차가 없어도 될 사람들이 자동차를 끌고 다니고, 또 이 좁은 땅덩어리에서 대형자동차를 선호하는 의식이 교통체증을 심화시키고 있는 것이다. 차가 필요하지도 않은 사람인데 차를 좋아하고 대형자동차를 좋아하는 이유는 찾기 쉽다. 자랑하고 싶기 때문이다. 아무리 비싼 집을 가지고 있어도 자기가 가지고 다니면서 자신의 위세를 자랑할 수는 없다. 그렇지만 자동차는 다르다. 언제든지 자신의 분신처럼 가지고 다닐 수 있다. 자동차는 자신의 위세를 표현하는 데 시공을 초월한 훌륭한 동반자이다. 교통순경에게 신호위반으로 걸려도 자동차 수준에 따라 '사장님', '사모님'으로부터 시작해서 '선생님', '아저씨', '아주머니'로 내려가는 마당에 위세를 부리기에 자동차만큼 귀중한 게 또 있을까. 빠른 것이 남성다움의 위세를 자랑하는 것으로 인식되어 한국 교통문화를 피폐화시켰듯이, '좋은 차'는 자신의 사회적 위세를 자랑하면서 교통체증의 주범으로 등장한 것이다.

자동차 선호의 사회적 원인

물론 자동차가 늘어난 것을 단순히 위세추종의 사회 심리적 원인으로만 돌릴 수는 없다. 다른 한편으로 꼭 필요해서 자동차를 구매할 수밖에 없었던 사람들도 많다. 대표적인 경우가 장애인들이다. 100만이 넘는 장애인들이 버스나 지하철을 이용한다는 것은 곧 대중교통과 투쟁하는 것이라고 표현해도 과언이 아니다. 그래서 스스로 능력만 된다면 장애인들에게 자동차는 이동의 필수적인 도구가 된다. 장애인뿐만 아니라 평범한 사람이라도 집안 환경이 바뀌면 대중교통에 적절하지 못한 인간으로 변한다. 집에 아이가 생기거나 하면 당장에 대중교통이 큰 장애로 등장한다. 아이를 데리고 혼잡한 버스나 지하철을 타고 싶어 하는 부모는 없다. 노부모를 모시는 집도 마찬가지다. 노부모와 동행하는 날이면 대중교통을 기피하고 자동차를 선호하는 것은 당연하다. 이 정도면 우리나라의 대중교통은 대다수 대중이 아닌 힘세고 젊은 일부 사람의 전유물이라는 결론에 도달한다.

자동차의 증가는 도시화와도 관련을 맺는다. 직장과 거주지가 동떨어진 경우 대중교통이 이를 받쳐주지 못하면 자동차는 늘어날 수밖에 없다. 서울 중심부의 택시 값이 엄청나게 오름에 따라 상대적으로 주택값이 싼 서울 주변의 수도권 신도시로 이주하는 가구가 우리 주위에는 흔하다. 그러나 직장은 대개 서울 중심부에 그대로 남아 있기 때문에 장거리 출퇴근을 위해 자동차는 더욱 필요해진다. 1990년도 이후 자동차 증가율에서 경기도가 가장 급증세를 보였던 것도 이런 이유에서이다. 여기에다 여가와 데이트 등 일상생활의 중심장소로 자동차가 활용될 수 있다. 자연스럽게 젊은 층의 자동차 선호도가 높아지면서, 이들 대중교통을 이용해야 할 극히 정상적인 젊은이들까지 자동차 구매에 열을 올리고 있다. 자동차가 가지고 있는 나만의 공간, 또는 내 가족, 애인, 친구들의 공간은 이기주의화해 가는 도시풍조와 너무도 잘 어울린다.

이렇게 증가한 자동차가 좁은 골목 곳곳을 메우고, 이웃 간에는 서로 주차하겠다고 시비하고, 때로는 싸움질을 하기에 이른다. 이웃 간의 친목을 자동차가 이간질시키고 있는 셈이다. 자동차 공간 자체가 원래 가지고 있는 이기주의적 속성이 사람들에게 잠재되어 있다가, 주차전쟁으로 이웃 간의 사이가 급격히 악화되며 이 잠재되어 있던 이기주의는 여지없이 동네인심을 지배하는 가치관이 되어 버리는 것이다.

위세를 추종하는 한국인의 심리, 대중교통의 부재로 인한 교통불편, 무계획적인 도시계획으로 인한 이동거리의 과대화, 주택난, 그리고 여가 중심적 가치관과 이기주의적 가치관 등 이 모든 것이 한판 어우러져 만들어낸 것이 바로 한국인의 교통문화인 것이다.

경제와 국가를 끌고 가는 자동차

교통체증을 완화하려면 우선 자동차를 억제해야 한다는 데는 모든 사람이 동의하고 있는 듯하다. 대중교통을 이용하는 사람은 물론이고 자동차를 모는 사람조차도 가끔은 '개나 소나 다 자동차를 끌고 다녀서'라고 말하는 것을 들을 수 있으니 말이다. 그러나 자동차를 줄여야 한다는 당위성에는 모두가 공감하고 있지만 그것이 이루어지지 못하는 원인은 무엇일까?

산업혁명이 증기기관차의 발명이었듯이, 실제로 현대사회의 경제를 이끌어가는 견인차는 자동차이다. 일본 경제성장의 축도 자동차산업이었고, 한국의 경우도 자동차산업이 초유의 기간산업이다. 자동차 관련 산업종사자가 적어도 전체 산업 종사자의 10%는 족히 넘는다고 한다. 여기에다 보험이나 금융, 서비스 등 자동차로부터 파급된 산업까지 합치면 현대경제는 자동차로 움직여진다고 단언할 만하다. 자동차와 관련된 세금도 상당히 많다. 이런 마당에 공익광고에서 자동차가 환경을 오염시킨다, 자동차가 교통체증을 유발한다고 떠들어 봤자다. 자동차를 없애려고 하는 사람들은 늘 자전거나 몰고 다니는 약한 사람들일 뿐, 경제수뇌부나 국가관료들은 자동차 자체를 없앤다는 생각은 추호도 없다. 국가는 오히려 자동차가 환경을 오염시킨다고 환경세를 더 올려 받고 있다. 또 교통체증을 유발한다고 하면 자동차 구매 시 공과세를 더 늘려야 한다는 대책 정도가 나올 것이 뻔하다.

정부도 먹고살아야 하니까 이런 대책이 나오는 것을 이해하지 못하는 것은 아니다. 그러나 이런 식으로 가면 정부의 대책들은 늘 사후적일 수밖에 없다. 예를 들어 교통체증 문제가 일어나면 세금을 더 많이 거둬들여 길을 더 닦으면 해결될 것으로 생각한다. 적자가 나는 대중교통보다는 길을 닦아 차가 더 많이 다니도록 하면 자동차는 더 잘 팔릴 것이고, 그러면 기업도 국가도 모두 득이 되기 때문이다.

흔히들 한국현대사 속에서 국가는 과대성장해 왔고, 사회가 부문에 지배적인 영향력을 행사했다고 한다. 경제발전부터 시작해서 엄청난 무력행사, 그리고 사람들의 의식지배까지 거의 국가에 의해 주도되어 온 것이 한국사회의 과거였다. 그러나 국가의 힘이 강했다는 것은 어디까지나 기업 쪽에서 바라봤을 때의 이야기이다. 국가의 힘을 사회 영역이나 사람들의 생활에 대한 정당한 규제와 연결시켰을 때, 한국의 국가는 너무 나약하다. 교통문제에서 이런 사실이 잘 드러난다. 자동차를 많이 팔아먹고 싶어하는 기업의 생리만을 쫓아가는 것 외에는 교통문제에 속수무책인 정부를 보고 있노라면 한국 국가의 힘이 얼마나 약한지를 새삼 실감한다.

자가용이 많아져 차가 막히게 되면 손해 보는 것은 오히려 대중교통 이용자들 쪽이다. 대중교통 이용자들도 꼬박꼬박 세금을 내지만, 대부분의 교통시설은 되도록 자동차가 더 많이 다닐 수 있도록 길을 넓히는 것에 치중되어 있다. 자가용이 없는 대중교통 이용자는 버스 속에서, 편히 앉아 있는 옆 승용차의 운전자를 보며 지친 몸을 버텨야 하는 처지이다. 울화통이 터질 듯하면서도 다른 한편으로는 '나도 돈만 있으면' 하는 생각이 움터 나온다. 교통혼잡이 오히려 자동차를 더 사도록 강요하는 아이러니에 갇히고 마는 것이다.

일상생활의 불안정과 규격화

사람들은 일상에서 갑자기 벗어나는 것을 두려워하지만 또 다른 한편으로는 일상으로부터 탈출하는 것을 늘 갈망한다. 자신의 생활을 얽매는 인간관계, 회사 등을 모두 떠나고 싶은 마음이 굴뚝같지만 막상 사직서를 쓰고 훌쩍 떠나려 치면 막막함부터 앞선다. 그래서 사람들은 늘 일상에 묻혀 살면서도 일상을 탈출하려는 모순을 가지고 살아간다. 이런 모순을 해결해 주는 좋은 도구가 자동차이다. 자동차는 기동성을 갖고 있기 때문에 언제든지 일상을 탈출할 수 있는 가능성을 자동차 소유자들에게 심어 준다. 그런 심적인 뿌듯함만으로도 자동차는 매혹적인 물건이다. 멀리 가고 싶은 곳을 가면 일상으로부터 탈출했다는 기분을 만끽할 수 있다. 또 언제든지 자동차의 기동성을 이용해 일상으로 복귀할 수 있다. 자동차는 이렇게 '일상적 모순' 속에서 일상에 모험과 안정을 양립하게 해주는 도구로 각광받는다.

그러나 자동차가 얼마만큼 일상탈출의 공간을 마련해주는가는 곰곰이 따져 봐야 할 일이다. 멀리 놀러 간다고 해도 오며 가며 막히는 길 위에서 여행시간의 반 정도는 날려 버려야 한다. 운전하는 동안은 아무 생각도 할 수 없고 휴식이란 것도 없다. 그냥 사람이 멍해진다. 또 평소에는 짬을 내서 세차도 해야 하고 자동차 정비도 해야 한다. 그리고 무엇보다도 할부금이나 보험금 같은 지출비용도 제날짜에 챙겨야 한다. 자동차를 끌고 다니면 시간상으로나 지출 면에서 꽉 짜인 생활을 하지 않으면 안 된다. 일상으로부터 탈출한다는 생각에 자동차를 원한다. 하지만 자동차를 소유하자마자 이전보다 훨씬 더 일상 속에서 헤어나지 못하고, 더 규제를 받는 생활 속으로 흘러들어 가고 마는 것이다.

그래도 사람들은 이런 대가를 대수롭지 않게 생각한다. 자동차가 가진 원래의 기동성이나 기능보다는 그 '이미지'가 훨씬 더 큰 자동차 소유욕의 발원지이기 때문이다. '최고급 승용차가 사회적으로도 정상의 자리임을 확인해 주는' 광고 문안이 주입되자마자 사람들은 그 자동차가 가진 분위기를 수천만 원에 구매하는 것이다. 그런 광고 뒤에는 어김없이 자사의 최고급승용차 가격 불리기 경쟁이 업체 간에 벌어진다. 약삭빠른 기업들은 사람들의 허위의식을 놓치지 않고 이윤증대로 이어가기 바쁘다. 기업들은 기본적으로 경쟁과 생존에 내던져져 있다. 그래서 기업의 사회적 책임을 역설하지만 기업조직에서는 한계가 있을 수밖에 없다. 그래서 기업이 광고나 기업 이미지 등을 통해 사회적 가치를 형성해 간다고 하더라도 그것은 늘 이윤과 관련되지 않을 수 없다. 수용자들이 정신을 차리지 않는 이상 기업은 늘 자신의 논리대로만 움직인다.

현대백화점에서 바겐세일을 할 때면 온통 자가용으로 북새통이 되지만 백화점은 '자동차를 가지고 나오지 마십시오.' 라고 말하지 않는다. 한국 자동차의 반수가 그 백화점과 똑같은 회사 제품이니까. 엄청난 기름값, 감가상각, 시간적 손실 등 경제적 손실에도 불구하고 기업은 책임지지 않는다. 소비자들의 의식도 여기에 따라가기는 마찬가지다. 바겐세일 때 사지 않으면 뭔가 손해 보는 느낌이다. 세일할 때 왕창 사서 가려면 자동차가 꼭 있어야 한다. 차를 가지고 나오지 말라고 하면 "왜 나만?"이라는 반문부터 한다. "막히더라도 버틸 때까지 버텨보자!"라는 심정으로 온통 거리를 주차장으로 만들어 버린다. 기업이 자기 말고는 무책임하게 세상을 내버려 두었듯이, 소비자들도 자기 이외에는 어떤 것에도 무책임하다. '나부터 한다.' 라는 생각은 이미 '나만 피해본다' 라는 생각과 동일해져 있다. 시간절약을 위해 자동차를 가지고 다닌다는 것은 이제 뼈만 남은 언어처럼 떠돌아다닐 뿐이다. 자신의 자유를 찾으려 시간 속에 얽매어 살다 스스로의 자유를 온통 빼앗겨 버린 회색분자만 차 있는 세상. 이들에 대항했던 모모가 이 시대에도 거리의 부랑아로 힘없이 천대받고 있다.

세 번째 이야기 | 집의 의미와 주택정책의 성격

사기도 힘든 집 그리고 살기도 힘든 집

요즘이야 동사무소도 전산화되어 주민등록 등본에 현 주거지 주소만 실리지만, 오래전 이 등본에는 한 세대의 과거 주거지가 빼곡히 다 적혀 있었다. 대부분의 한국 사람들 등본은 빽빽이 들어차서 전출입의 화려한 역사를 나타내 주는 것이 보통이었고, 이것이 보통사람들의 생활이었다. 여기저기 이삿짐을 묶었다 풀었다 하면 그 피곤함에 다시는 이사하지 않으리라고 다짐하지만, 그 지긋지긋한 이사를 일상처럼 또 반복해야 한다. 피곤함에다가 이삿짐 나르는 데, 그리고 부동산 수수료를 지급하는 데 드는 돈까지 치면, 육체적으로나 재정적으로 가계에 큰 타격을 입는다. 아마 우리나라만큼 이삿짐센터나 부동산 중개업소가 번성하는 나라도 찾아보기 힘들 것이다. 전통적으로 농경사회였고 온돌 지향적이어서 한자리 차지하고 있기를 좋아하는 한국 사람들이 집 때문에 어느덧 유랑민족으로 탈바꿈하고 말았다. 이러니 사람들이 우리의 소원은 '통일'이 아니라 '내 집 마련'이라는 생의 목표를 세울 만도 하다. 내 집만 마련된다면 이내 인생의 목표가 사라져 버려 먹고 마시고 떠들고 놀러 다니는 것 이외의 무슨 목표가 생겨날 수 있을지 의심스러울 정도다. 우리나라 사람들은 주택 마련을 위해 저축하는 비율이 가장 높다고 한다. 만약 주택 마련에 성공하면 이제 절약의 목표는 사라진다. 자식들 대학 보내기에 어느 정도 신경 쓸 뿐, 이제는 소비하고 즐기는 데 돈을 써야 할 때가 오는 것이다.

나그네 설움

한국 사람들이 집에 과잉 집착하는 이유는 간단하다. 집 없는 서러움이 대단하기 때문이다. 제대로 먹지고 입지도 않고 중산층 기준으로 평균 잡아 10년은 모아야 집이 생길까 말까 하니, 먹고 살기 어려운 사람들은 좋은 집 나쁜 집 가릴 것 없이 일단 다리 뻗고 잠이라도 잘 수 있는 집이면 어쨌든 들어가 살아야 한다. 그러나 방 한가운데 있는 기둥에 자주 머리를 박아, 천장이 있는데도 자면서 밤별을 자주 보았던 사람들에게, 그리고 새벽에 일어나서는 어제 받아 둔 물통에 쥐가 빠져 빠끔빠끔 마지막 숨을 내쉬는 통에 세수도 밥도 다 망쳐 버린 사람들에게, 게다가 집 밖의 공동재래식 변소에서 차례를 기다리다 포기하고 출근하는 사람들에게, 단칸방에서 아이들 때문에 부부관계도 제대로 맺지 못하는 부부들에게, 집이라고 하지만 그건 '집'이 아니다. 가구를 보관하고 추위를 피하는 창고다.

거기다 일제 강점기 지주풍의 집주인 횡포에 호되게 당하는 사람도 많다. '내가 집주인인데 어찌 감히!' 하는 식의 집주인들에게 세입자들 요구가 호락호락 받아들여질 리 없다. 아무리 자본주의식 법으로 규제한다고 하지만 계약관계에서 세입자가 당하는 것을 막아내기는 어렵다. 오히려 어설픈 법령으로 임대인에게 빌미만 주는 경우도 있다. 1990년 정부가 '주택임대차보호법'을 개정해 임대기간을 1년에서 2년으로 늘리고 임대료 인상률도 5% 이내로 묶은 적이 있었다. 강제성 없는 이런 법령이 집 소유자의 생각을 자극해 임대계약 기간은 여전히 1년으로 하고 인상률은 정부가 정한 5%로 하자고 집주인이 요구하면 세입자가 항의할 여지가 없는 현실이 되어 버렸다. 정부가 부동산중개인의 중개수수료를 보증금의 0.4% 선 안에서 받으라고 하면, 0.4%는 중개수수료의 최저가로 되어버렸다.

아무리 권고하고 규제한다고 해도 국가가 당사자 간의 계약관계를 규제할 만한 힘을 갖고 있지는 않다. 결국 규제책은 세입자들에게 피해 정도를 제시한 꼴밖에 되지 못했다. 이제 더욱 불안정해지고 폭증해 버린 전세금 때문에 세입자들의 서울 대탈출과 수도권이동의 유랑이 이어진다. 집 때문에 생겨난 비극이 계속되고 있다.

새 출발에 맞닥뜨린 거대한 산

결혼을 생각하기 전까지의 시절은 부모 슬하에서 집 걱정 없이 공부 걱정, 친구 걱정, 돈 걱정을 하는 정도가 보통이다. 그러나 결혼을 해야 할 때쯤 되면 집 문제가 일거에 최우선 순위의 걱정거리로 자리 잡는다. 함께 사랑을 나누고 살 집이 있어야 결혼할 수 있는 것은 당연하다. 이 집 문제 때문에 결혼을 생각하는 남성들의 부담은 여성에 못지않게 심해진다. 집 때문에 장남도 좋다고 할 정도니까. 세간에 떠도는 말로는 남자들의 집이 클수록 그 집을 채우는 혼수도 많아진다고 한다. 남자 쪽에서 좋은 집을 마련해야 혼수를 많이 받을 자격이 생긴다는 말이다. 집 문제가 심각해지는 틈을 타서 집을 통해 결혼할 남성의 능력을 재는 분위기가 은연중 퍼져 버린 것이다. 부모를 잘 만나면 집 문제는 별걱정 없이 해결되지만 넉넉하지 못한 집 남자들에게 결혼의 심적 부담은 대단하다.

집 문제에서 어림잡을 수 있듯이, 가부장사회에서 해 입는 것은 여성만이 아니다. 남성도 강요된 부담 때문에 스트레스가 가중된다. 가부장사회가 모든 남성에게 권위나 이익을 베풀어 주는 것이라고 보면 오해다. 가부장사회에서 자본이나 돈이 없는 남자는 더 비참해질 수도 있다.

결혼을 통해 스스로 무력함을 느낀 남자가 가정을 꾸리면서 느끼는 것들은 무엇일까. 두 가지 방식이 있다. 하나는 '쫀쫀해지는 것' 이다. "쟤 말야, 학교 다닐 때는 저러지 않았는데 결혼하고 나서 많이 변했어!"라는 소리를 듣는 사람이 그들이다. 결혼준비를 시작하고부터 그리고 가정을 이끌어

가면서 세상이 안겨 준 힘든 삶을 외면하지 않고 수억 원 하는 집이라도 하나 장만하려면 쫀쫀해질 수밖에 없다.

다른 하나는 일확천금을 꿈꿔 보는 것이다. 보통 상품과는 비교도 되지 않는 고가의 집을 사려면 한두 푼 모아서 될 일이 아니다. 성급하고 과시하기 좋아하는 한국인 심성에 엄청난 가격의 집은 일확천금을 위한 사업으로 내몰기 쉽다. '한 건 크게 하면 돼!' 하는 것은 어떤 범죄조직의 신조가 아니라 한국을 사는 많은 한국인의 사고구조이다. 이러한 사회심리를 잘 이용해서 한몫 톡톡히 봤던 것이 로또가 아니었던가? 언젠가 로또를 한꺼번에 10장이나 사가는 이십 대의 젊은이에게 "젊은이 힘내!"하고 상자 안에서 흘러나오는 할아버지의 목소리를 들은 적이 있었다. 처음에는 동정의 말로 흘려 넘겼다. 그러나 다시 생각해 봤을 때, 그 말이 일확천금에 유혹되지 말고 꿋꿋하게 견뎌 보라는 말이었는지, 아니면 계속 복권을 사서 희망을 걸라는 이야기인지, 잘 분간이 되지 않았던 것은 이렇게 집 때문에 생겨나는 두 종류의 인간상으로 인해 생긴 혼란이었다.

집 장만의 가능성이 늘어날수록 '쫀쫀한 인간상'은 늘어나고 일확천금을 꿈꾸는 인간상은 줄어들 수 있을 것이다. 여기에는 금융기관도 큰 역할을 한다. 청약예금과 청약저축에 가입하면 집 장만이 가능하다는 것이다. 그래서 많은 사람이 청약저축에 들면서 쫀쫀한 사람의 대열을 늘려나갔다. 사실 주택은 고가의 상품성격상 금융기관의 융자혜택 없이는 중하층에게 구매 가능성이 없는 상품이다. 결혼한 지 20, 30년 만에 자기 집을 얻어봤자 이제 여생은 고생한 세월에 비하면 너무나 잠깐이다. 그런 여생을 위해 현재의 고생과 투자를 마다치 않을 사람은 당연히 그 손익을 따져 볼 것이다. 그래서 아마 집 구하는 것을 최대목표로 삼기보다는, 그냥 오늘 먹고 즐기는 삶을 택하는 것이 낫다고 생각할지도 모를 것이다. 특히 이런 삶의 방식은 금융기관의 융자를 끼고도 집 장만이 어려운 사람들이 택하는 방식일 수 있다. 어떻게 보면 이런 판단은 지극히 합리적이다. 그래서 하층계급 문화가 소외된 사람끼리 서로 의지하는 공동체 지향적이고 기대의식이 넘치며 건실한 문화를 갖고 있지만, 다른 한편으로 소비적이고 퇴보적이 될 가능성도 이러한 이유 때문에 남아 있는 것 또한 사실이다.

미분양 아파트의 허상

한국의 주택문제는 하층계급의 문제라고 단적으로 말할 수 있다. 또 하층계급의 문제에서 자연히 파생되듯이 현재의 주택정책기조인 주택 자가소유정책이 문제가 된다. 집을 구할 여력이 없는 하층민들에게 주택을 소유하라고 집을 짓는 것은 별 의미가 없기 때문이다. 흔히들 미분양 아파트가 많아지니 주택의 공급량이 늘어나 주택문제는 해결단계에 와 있는 것이 아니냐는 선입견들을 품기 쉽다. 그러나 미분양 아파트는 주택을 구입할 여력이 있는 중산층들에게나 솔깃하면 했지, 대부분 집 없는 서민들에게는 그림의 떡이다. 어느 정도 번다는 사람들조차도 분양신청에는 마구 몰려들지만 실제로 막상 당첨되고 나면 아파트값을 감당하지 못하고 중도에 포기하는 경우도 종종 있다. 중도포기하면 재당첨 금지조항이란 불이익을 받는데도 그대로 포기해 버린다. 오죽 돈 구하기가 어려웠으면 그랬을까?

이런 상황이라면 주택물량만 대량 공급해서 주택문제를 해결하겠다는 시장 중심적 정책기조는 뭔가 잘못돼도 크게 잘못된 정책이었다. 물론 정부가 주택정책을 시장원리에만 묶어 놓은 것은 아니다. 분양가가 통제되고 있고 청약저축이나 청약예금 등을 통해 돈 있는 사람이 우선 주택구매를 하는 것은 막아 놓았다. 또 아파트 사업자에 대해서도 국민주택 규모 이하의 평수를 의무 할당해서 서민용 주택 공급을 민간업자들에게 강제하고 있었다. 물론 이런 국가정책에 대해 민간 건설업자들이 분양가 자율화 원칙을 내세우며 대항했고, 국민주택 규모 이상의 평형에 대해서는 분양가 자율화가 이루어지기도 했다. 이때 중대형 평수에 대해서는 채권입찰제란 것을 만들어 그 채권에서 생긴 수익을 서민용 주택공급으로 돌려보겠다는 정책도 일정 정도 효과를 보았다.

그러나 이윤을 추구하는 기업 입장에서는 정부가 관여하는 국민주택 의무할당도 채권입찰도 다 못마땅하다. 문제의 지점은 여기서부터 생긴다. 건설업체는 30%, 50%라는 국민주택 의무할당량에서 오는 손실을 보상받으려 한다. 분양가가 묶여 있는 국민주택 규모 건설에서는 충분한 이윤을 보장받지 못하기 때문에 나머지 물량에 대해서는 분양가 통제가 적고 건설이윤이 많이 남는 대형아파트를 지으려고 한다. 이 과정에서 뻔히 들여다보이는 것이 부실공사이다. 그래서 건설업 부실공사에서는 대기업도 예외가 되지 않는다. 부실공사를 하고서 건설업에서 내놓은 핑계는 걸작이다.

'정부의 통제로 분양가가 묶여 있기 때문에 우리 건설업자들은 솔직히 봉사하는 마음으로 짓는데 부실공사가 대수냐' 라는 말이 입안에서 맴도는 것이다.

주택 소유의 여력이 없다고 판단된 하층계급의 주택문제를 임대아파트로 해결해 보려 하지만 이것도 많은 문제를 노출했다. 우선 임대 아파트의 수가 절대적으로 부족했다. 그리고 그나마 지어진 임대 아파트에 입주한다고 해도 영세민들은 임대 아파트에서 지급해야 할 임대료나 관리비를 감당해 내기가 어려웠다. 입주 후 얼마 버티지 못하고 떠나 버리고 만다. 실제로 서울의 월계, 고덕, 신월 시영아파트에서는 임대료 연체율이 50%에 이르렀던 적이 있다.

영세민들은 경제적 문제 때문에 임대 아파트조차 부담스러운 반면, 영세민보다 조금 사정이 나은 사람들은 임대 아파트를 선호하지 않는다. 이들은 대부분이 매월 청약 저축을 들고 있어서, 아파트를 소유할 가능성 정도는 가지고 있는 사람들이다. 이들에게 임대아파트는 소유권을 행사할 수 없는 집이다. '내 집' 이 아니다. '남들은 집 팔아 재미 톡톡히 보는데 이따위 임대 아파트에서 살다 손해 볼 일 있어?' 하는 느낌이 드는 것은 어쩌면 당연하다. 이럴 바에야 지금 사는 셋집에서 계속 살다가 내 집을 마련하겠다는 생각을 굳힌다. 집 없는 설움에 당한 피해의식이 임대 아파트를 거부하도록 만들어 버린 것이다.

이렇듯 한국 사람들에게 이미 집이란 내가 휴식하고 재충전하는 삶의 장소가 아니라 투자해서 이득을 얼마큼 보느냐 하는 투기상품이 되어 버렸다.

이런 의식이 사라지지 않는 한 아무리 많이 주택을 분양하고 임대주택을 할당해 봤자 한계가 있을 수밖에 없다.

위기관리 국가의 위기

주택문제 해결은 완전한 시장상태에서도 그리고 어정쩡하게 국가가 개입한 시장상태에서도 불가능하다. 결국 대안은 국가에 의한 완전한 관리이다. 특히 주택가격은 워낙 비싸기 때문에 일반소비자에게 닿기 위해서는 국가가 선도적으로 시행하는 금융정책이 필수적이다. 국가의 전일적 관리에 의해 주택문제를 가장 잘 해결했다는 싱가포르는 주택가격의 110%를 융자해 주었다. 그 정도는 융자해 줘야 실제 새집에서 살 수 있다. 새집으로 이사 가려면 주택가격만 필요한 것이 아니고 이사비용, 부동산비용, 집안의 벽지비용 등 부수비용들이 많이 들어가기 때문이다. 그래서 110% 정도는 융자해 줘야 현실적으로 그 집에서 이불 깔고 잠잘 수 있다. 발로 뛰고 체험하는 과정을 충실히 반영한 행정이라고 해야 하지 않을까?

싱가포르 같은 특수한 경우를 제외하면 한국을 포함한 대부분의 자본주의 국가는 주택문제로 골머리를 앓는다. 그 이유는 이렇다. 국가가 나서지 않고 시장원리에 맡겨 두면 중·하층계급이 집을 구할 가능성은 적어지고 그렇게 되면 국가에 대한 불만과 위협이 커진다. 그래서 국가계획 아래 주택문제를 떠맡으려고 하면 주택건설부터 분양 등 제반 비용을 국가 스스로 조달해야 한다. 주택문제를 국가가 해결하려면 그만큼 국가재정이 탄탄해야 하는 것이다.

국가재정은 조세로부터 나온다. 자본주의 국가에서 조세는 시장이 번창해야 잘 걷힌다. 이렇게 되면 시장통제를 하려는 국가의 정책과 이를 유지하려는 국가재정은 항상 서로 모순과 위기에 부딪힌다. 국가가 주택의 공공성을 강화할수록 시장은 위축된다. 그렇게 되면 국가재정은 점점 그 한계에 도달하기 때문에 국가는 위기로 내몰리게 되는 것이다. 이러한 공공성의 위기는 주택문제를 해결하려 할 때도 그대로 적용된다. 결국 자본주의 국가는 주택문제 해결을 위해 시장을 강화해도, 공공성을 강화해도, 이러 저래 위기에 내몰릴 수밖에 없다.

특히 한국은 국방비라는 재정적 부담 때문에 주택의 공공성이 채택될 가능성은 다른 자본주의 국가보다 적다고 할 수 있다. 그리고 장기적인 대책이 무엇보다도 필요한 주택정책이 임기 5년의 대통령 선거공약으로 반짝하다가 다시 바뀌어 버린다. 정책정당 없이 사람 따라 이리저리 정책이 뒤바뀌는 정치판에서 주택정책 같은 장기정책이 성사되기는 더욱 어려워지는 것이다.

주택문제로 인한 위기는 단지 국가에서만 국한되는 것은 아니다. 주택위기는 기업 입장에서도 타격이 크다. 만약 주택가격이 자율화되어 당장에 집을 지으면 건설업이야 이윤을 많이 남길지 모르지만, 주택가격 상승으로 민중들의 삶이 불안정해지면 전체 기업 측에서도 득 될 것이 없다. 집값이 싼 지역으로 이주한 후, 2시간씩 걸려 출근한 사람에게 업무 효율성을 기대하기란 어렵다. 퇴근할 때쯤 되면 집에 갈 부담감에 일이 손에 잘 잡히지 않는데, 남은 일이 편안히 마무리될 리 없다. 대기업 정도 되면 사원 사택도 지어 주거복지를 제공해 주지만 이는 소수 기업에 불과하다. 주거가 불안정해지면 업무 효율성의 문제뿐 아니라, 기업이 개별 노동자에게 지급해야 하는 임금부담도 늘어난다. 노동자들이 지급해야 할 교통비, 전·월세에 대한 부담이 증대되면 임금요구도 그만큼 늘어나기 때문이다. 주택은 소비할 상품이기도 하지만, 다른 한편으로는 임금과 동일한 성격의 노동력 재생산 비용인 이유도 여기에 있다.

결국 경제의 지속 가능한 성장을 위해서 재정적 부담이 생김에도 불구하고 국가가 나서서 주택의 공공성을 높여 주는 것이 필요하다. 건설업자의 이익을 위한 정책이 장기적으로는 자본 측에도 도움될 것이 없다. 기업의 경쟁력도 마찬가지다. 사람 없이 기업 경쟁력은 커갈 수 없다. 그러나 집 때문에 불안하고, 그 걱정에 몸이 바싹 말라가는 사람들에게 무슨 경쟁력 있는 노동력을 기대하겠는가?

그러나 이러한 논리가 한국에 얼마나 잘 먹혀들어갈지는 의문이다. 한국의 건설업자들이 그렇게 호락호락하지는 않다. 건설업은 일단 땅과 금융권만 끼고 있으면 기본적인 요건이 다 갖추어진 셈이다. 자본이 크게 필요한 것이 아니다. 돈이야 분양받을 사람들이 차곡차곡 때맞춰 지급해 준다. 그래서 건설업자는 어떤 기술보다는 국가나 금융계 인사와 인간관계만 잘 맺어 놓으면 무일푼 무자본으로도 일거에 엄청난 재벌이 될 수 있다. 땅 가진 지주나 인맥 좋은 사람이면 자본가로 변신하기에 건설업만큼 좋은 여건도 없었던 것이다. 한국의 기업들도 건설업 덕분에 일어났고, 지금은 어엿한 굴지의 대기업으로 성장했다. 지주 상업적 성격의 한국 자본주의 발달사를 잘 특징지어 주는 이러한 한국 산업의 역사를 통해보면, 정부의 건설업 규제정책에 기업들이 그냥 나 몰라라 하지는 않을 것임을 쉽게 짐작할 수 있다. 그래서 한국의 국가는 기업과 국민 사이에서 끊임없이 갈등하고 위기에 내몰리게 된다.

주택 재개발과 한국 주택문제의 성격

한반도에서 도시화하여 살 만한 곳은 일정 지역에 한정되어 있다. 지금 상태로는 집 지을 만한 빈터에는 다 지은 셈이다. 그래서 이제 앞으로의 주택문제는 기존의 낙후된 거주 지역을 재개발하는 일이 주목받는 사업이 될 것이다. 재개발 지역에서 일정 지분을 소유한 주택 소유자는 재개발 사업자와 밀고 당기는 협상을 벌인다. 닭장같이 집이 다닥다닥 붙어 있는 불량주택 지역이라고 하지만 그나마 싼 값에 세 들어 살 수 있는 세입자들에게 재개발 사업이다, 뭐다 해서 뛰는 땅값은 여간 불안한 게 아니다. 시간이 갈수록 그곳에 눌어붙어 있을 수가 없다. 근방에 더 싼 셋집을 찾아보지만 그것이 쉽지는 않다. 불량주택 재개발 사업 후 원거주지에 다시 거주하는 인구는 30% 미만이다. 다들 짐 싸서 집값이 싼 다른 불량주택 지역을 찾아 뿔뿔이 흩어질 수밖에 없는 사람들이다.

불량주택 지역에 사는 세대주들은 대부분 불안정 고용 층에 있는 사람들이다. 이들 가운데 가장 높은 비율을 차지하는 직종이 단순일용 노무직이다. 주로 건설 일용노동자로 일하는 이들은 대단위 아파트 단지 공사장을 전전하며 근근이 살아간다. 이들 일용노동자의 싼 임금으로 고층 아파트는 지어진다. 그러나 이들이 짓는 아파트 때문에 이들은 다시 다른 지역으로 쫓겨날 수밖에 없게 된다. 한국의 주택문제에는 이런 슬픈 아이러니가 있다.

이렇듯 재개발 사업과정에서 한국의 주택문제는 그 성격이 잘 드러난다. 재개발 지역의 세입자 문제는 주택정책 이후 오랜 후유증을 만들어 냈는데도 여전히 고질적인 문제로 남아 있다. 영세민들의 기대와 공동체문화가 스며들어가 있는 '불량주택 지역'을 무력으로 철거하는 것이 비록 TV 뉴스에는 보도되지 않지만 흔히 볼 수 있는 광경이었다. 물론 무력적인 방법 말고도 고안된 방법이 있었다. 불도저를 바로 앞에 두고서 집을 떠나지 않고 있는 부녀 세입자를 찾아 팬티 바람의 나체 철거반원이 날뛰는 방법이 그것이다. 물리력을 쓰지 않고도 부녀자들을 쫓아낼 수 있는 '좋은' 방법이라고 철거반원 스스로 대견해할지는 모르겠지만, 이런 횡포야말로 성희롱의 극치다. 그 정도의 성희롱이라면 철거민 부녀자들에게 아파트 한 채 값에 맞먹는 피해보상은 해줘야 할 정도니까.

주택은행에서 내놓았던 차세대 주택통장이 폭발적인 인기를 끌었던 적이 있다. 이미 가입자도 수백만 명에 이르고 있고 계속 증가하고 있다. 집 때문에 겪은 설움을 자식들에게만은 물려주고 싶지 않다는 부모심리를 적중시킨 히트 상품이다. 이제 이런 아이들까지 청약저축과 청약예금에 줄을 섰으니 그 줄을 다 세우고 난 그 뒤에나 돈 없는 서민이 서야 할 판이다. 그 줄이 언제 줄어들지는 아무도 장담하지 못하지만, 이제 차세대 통장 덕분에 집 얻기 경쟁에서 서민은 일단 출발선부터 뒤처지고 있다. 차세대 주택 정책이 아무리 혁명적이 된다고 할지라도 또다시 세력을 형성하는 차세대 주택 통장군의 벽에 언제 부딪칠지 모른다. 가난의 대물림을 집 덕분에 예상할 수 있어 애초부터 서민들의 상승 기대를 꺾어 버리면 진정 속 편한 쪽은 누가 되는 것인가?

네 번째 이야기 한국의 여가문화

여가 없는 여가, 놀이 없는 놀이

한국인 최고의 놀이라고 하면 아직까지는 판 벌이기다. 한국 사람들은 세 사람만 모여서 할 수 있는 놀이 중에서, 흔히 고스톱을 생각할 정도로 고스톱은 대중적인 놀이문화이다. 1달 4주, 1년 12달의 세월을 상징하는 48장의 화투가 희로애락을 만끽하게 하며 세월 가는 줄 모르게 한다. 독주하는 선두를 견제하기 위해 몰리는 두 사람의 연합, 그러다 꼴찌의 후원을 받는 중간주자는 '설사'로 한 판을 굶은 선두 뒤를 바짝 쫓는다. 선두는 '고'를 하고 싶지만 '독박'을 쓸까 봐 낮은 점수로 판을 끝낸다. 또 다른 판에서는 선두의 '피바다'로 맥 못 추고 박을 쓴다. 그러나 다음 패에는 '폭탄'을 거머쥐고 있다고 자만한 선두에게 시원하게 복수한다. 고스톱이 가진 의외성과 다채로운 규정들은 별다르게 할 것 없는 한국인의 여가를 즐겁게, 때로는 고통스럽게 만들어 간다.

고스톱과 트럼프의 차이

이러한 고스톱 게임을 트럼프와 비교해 보면 사뭇 다른 점들이 눈에 띈다. 트럼프는 높은 순위를 얻기 위해 딜러가 배급하는 카드에 온 정신이 집중될 뿐이다. 자신의 카드만을 챙기면 되는 지극히 개인적인 놀이이다. 그리고 기술이나 견제가 고스톱의 패와 같은 것이 아니라 돈에 의해서 좌우된다. 돈 걸기를 많이 하느냐 적게 하느냐 하는 것에 따라 상대방의 패를 짐작할 수 있을 뿐이다. 누구를 밀어주고 당기고 할 여지가 없다. 이런 면에서 보면 선두를 놓고 '합종연횡'하는 고스톱과는 질적으로 다르다. 고스톱에는 선두를 견제하는 연대가 있다. 만약 지고 있으면서도 자기 혼자만을 고집하면 자멸의 길이 될 뿐이다. 이렇듯 고스톱은 타인 지향적이어서 혼자 놀기 싫어하는 한국인의 심성과 잘 맞는다. 물론 엄청난 돈이 개입되어 도박의 성격을 띠면 고스톱도 개인적인 성격으로 변해 버리고, 그러면 트럼프와 다를 것이 아무것도 없어지지만.

이런 고스톱을 두고 한국인의 여가문화에 문제점이 많다고들 한다. 죽치고 앉아서 밤새는 줄 모르고 남들 눈에는 시간 낭비처럼 보인다. 화투패에 따라다니는 마음 때문에 수동적인 문화라고 한다. 늘 돈이 개입되니 사행심을 조장한다고 한다. 고스톱을 칠 줄 모르는 사람이 있거나 또는 많은 사람이 모인 자리의 고스톱은 소외나 분열의 모습을 보일 뿐이라고 부정적으로 평가한다. 이러한 반발 때문인지는 몰라도 이제 주위에서 고스톱판을 보기가 점점 어려워지는 듯하다. 몇몇 중장년층들에게는 여전히 인기를 누리고 있지만, 고스톱 인원수도 채우지 못하는 젊은 층의 핵가족에는 고스톱이 발붙일 공간이 없다. 신세대인 젊은 층에게서도 예전만큼의 고스톱 열기를 찾기 어렵다. 아마 건전한 정신을 가진 신세대들은 일본 문화의 잔재를 거부하고 활동적인 성품을 소유하고 있기 때문에 그런 것도 같다.

그러나 고스톱 문화를 대체하는 것은 기대했던 활동적인 문화가 아니다. 오히려 신세대들에겐 스마트화된 개인 휴대용 기기나, PC를 활용해 여가를 보내는 것이 기성세대의 고스톱 문화를 대체하고 있다. 순전히 놀이 면에서만 보자면 휴대용 혹은 PC게임 자체도 도박성을 띠고 있다. 물론 여러 사람이 참여할 수 있는 장점은 있지만 그것은 외형적일 뿐, 실은 고스톱보다 훨씬 개인적이고 무식한 게임이다. 이러한 게임들이 생각하기 싫어하고, 소비적이고, 개인주의적인 신세대의 가치관과 잘 어울리고 있다는 것은 우연이 아니다.

여가 유형은 그 시대의 사회상으로부터 독립해서 존재할 수 없다. 고스톱의 세계와 게임의 세계가 상징하듯이 여가 형태 자체는 그 시대의 의식을 잘 반영하고 있다. 그래서 흔히들 여가는 강제된 노동시간과는 성격이 다른 자유로운 시간으로 생각하기 쉽지만 실제로는 여가도 사회상의 지배로부터 벗어나지 못하고 있다. 특히 여가 부문에까지 자본주의의 소비문화가 침투하게 되면 여가 형태가 외부에 의해 주어지는 경우는 더욱 잦아진다.

춤과 노래 그리고 음식

　예로부터 우리 민족은 가무의 민족으로 불렸다. 춤과 노래는 일상의 일이었다. 산과 들, 강가, 일터 그 어디에서도 춤과 노래는 빠질 수 없는 놀이었다. 물론 지금은 여기저기서 흔히 보기 어렵다. 고성방가와 풍기문란은 주위의 눈살을 찌푸리게 하니까 당연한 현상이다. 전세 버스 안에서 할머니들과 아주머니들이 어울려 그 특유의 엉거주춤한 춤을 추는 모습만 가끔 지나가는 사람의 곁눈으로 만날 뿐이다. 고속으로 달리는 버스 뒤를 따라가다 보면 버스 전체가 춤추듯 들썩하지만. 그 모습은 위험하다는 생각보다는 재미있다는 생각을 먼저 떠올리게 한다.

　보통의 장소에서 흔히 볼 수 없다고 춤과 노래가 다 사라진 것은 아니다. 단지 보이지 않는 곳에서 번성하고 있을 뿐이다. 조용한 일상에서 머물다가 가라오케나 노래방, 락카페나 클럽에 들어가 보면 새로운 세계가 펼쳐진다. 엄청난 음악 소리, 현란한 조명, 쉼 없이 흔들어 대는 몸짓들. 그리고 그곳을 나오면 귀가 먹먹할 정도로 또 잔잔한 일상이 펼쳐진다. 일상과 결합하여 있던 우리 민족의 춤과 노래가 왜 이토록 심하게 일상과 단절되어 버렸을까?

　어느덧 한국문화의 일부분으로 터 잡은 노래방은 그 '방' 속에서만 '노래'를 부를 수 있다는 의미에서 노래방이다. 노래방이 번성했던 가장 큰 이유는 예전에는 공간적 제약이 없던 노래문화가 아파트가 양산한 개인주의 윤리가 확고해지면서 제약을 받게 되었기 때문이다. 도덕적인 사람이 되려면 아무 곳에서나 노래를 불러 대지 말아야 한다. 노래 부르고 싶은 욕구는 돈을 내고 노래방에 가서 발산해야 한다. 공간적 제약 없이 삶의 일상이었던 가무 문화가 개인주의 윤리의 제약을 받자마자 가무 공간은 한정되었고, 그 자리를 차지하고 나선 것은 유흥업자로 돌변한 자본가들이었던 것이다. 자연히 춤과 노래로 돈을 받아가는 '가무 노동자'들도 생겼다. 이른바 '프로의 세계'는 사람들의 일상으로부터 즐거움을 얼마만큼 잘 떼어내느냐에 그 성패가 달려 있게 된다.

　수동적인 문화가 휴대용 기기와 TV 쪽으로 쏠리고 있다면, 활동적인 문화는 점점 더 상품 영역에 종속되고 있다. 특히 번창하는 활동적 문화가 소비문화에 포섭되면 오히려 수동적 문화가 부추겨주기도 한다. "나가서 놀면 뭐하나? 집에서 발 닦고 판이나 벌이자", "나가면 돈 쓰는 일만 생기는데 '주말은 TV와 함께' 하자."라고 한다. 이렇듯 경제력이 활동적 문화와 수동적 문화를 가르는 판국인데, 활동적 문화는 좋고 수동적 문화는 나쁘다는 가치판단을 함부로 내세울 수 없다. 활동적 문화의 권장이 건강 향상과 스트레스 해소에 필요하다는 것은 누구나 다 알고 있다. 그러나 그 이면에는 돈 없는 사람의 소외감과 기업이윤의 비윤리성을 부추기는 모습도 어김없이 숨어 있다.

　이것은 음식에서도 예외는 아니다. 우리나라의 음식문화는 남다르다. 한국 사람들은 함께 먹어야 우애가 다져진다고 생각한다. 오죽하면 가족을 '식구'(食口)라고 했을까. 그래서 그런지 한국 사람들은 외식할 때 보면 혼자 먹는데 익숙하지 않다. 음식의 종류를 봐도 서구처럼 각각 자신의 음식이 있는 것이 아니다. 대부분이 한꺼번에 차려지고 함께 먹는 음식이다. '다 먹자고 하는 일'이니까 일이 끝나면 여가시간에도 함께 먹기를 좋아한다. 여러 사람이 모이면 큰 대접에 담긴 찌개나 탕류를 즐기는 이유도 여기에 있다.

그런데 이러한 속성 때문에 음식이 그냥 순수한 음식으로만 계속 유지되지는 않는다. 한꺼번에 그리고 함께 먹는 음식은 서로간의 우애를 나누는 자리도 되지만, 그와 동시에 많은 사람이 함께 먹는다는 점 때문에 다른 사람들에게 자신의 지위를 과시할 좋은 기회가 되기도 한다. 옛날처럼 잔칫상의 양과 가짓수에 따라 그 집안의 세도가 드러났듯이 음식은 부의 상징으로 투사된다. 집안일이 있으면 일단 많이 차리고 볼 일이다. 음식이 부의 상징이 되면 결국 남는 것은 음식물 쓰레기뿐이지만.

하지만, 지금은 집안의 큰일에 이런 많은 음식을 가정에서 차릴 여유가 없다. 평소에도 부부 맞벌이에 식성도 제각각이어서 집안에서 음식을 차리기는 이전보다 훨씬 어렵다. 그래도 음식은 여전히 부를 즐기고 풍족함을 만끽하기에 가장 좋은 주제다. 이제 돈을 벌면 가족끼리 자가용 타고 교외로 나가서 외식하며 잘 먹고 들어오는 것이 스스로 뿌듯함을 지키는 일이다. 음식 차린 것으로 집안일의 평가가 매겨지니까 뷔페나 음식점을 통해 돈을 뿌려대면 그만큼 훌륭한 집안으로 낙인찍는다.

그래서 한국에서는 엥겔계수가 잘 통하지 않는다. 그 이유는 돈을 더 많이 벌수록 먹는 데 돈을 더 쓰기 때문이다. 한국에서 음식은 단지 허기만을 달래는 것이 아니라 자신의 부와 권력을 확인하는 자리이다. 이것은 은연중 더 좋은 음식점과 더 분위기 있는 음식점으로 사람들을 향하게 하도록 사람들의 주머니를 끌어당긴다.

여가의 탄생과 타락

　가내공업 시기까지는 여가란 개념이 없었다. 일과 휴식이 공간적으로도 시간적으로도 구분되지 않았다. 그러다 공장이 생겨나면서 공장과 집이 공간적으로 분리되고 그래서 일하는 시간과 쉬는 시간도 명확히 구분되기 시작했다. 여가 시간과 노동시간은 상반된 개념인 듯 보이지만, 역사적으로 보면 여가와 노동은 같은 맥락에서 발생한 동전의 양면인 셈이다. 그것은 현재까지도 엄연한 진실이다. 하루 10시간 일하는 사람이 하루 3시간을 쉰다고 할 때 그 3시간은 여가 시간이 된다. 그러나 하루 10시간을 쉰다고 해도 일하지 않는 실업자에게 그 10시간은 여가 시간이 될 수 없다. 그 10시간 동안은 늘 불안하게 구직하는 시간이다. 여기에 여가 시간이란 개념을 적용하기에는 부적절하다. 이렇듯 여가란 노동이 전제되어야만 의미가 있음을 확인할 수 있다.

　이와 마찬가지로 같은 3시간의 휴식을 취한다고 해도 일의 성격이 어떠냐에 따라 여가의 성격이 또 달라진다. 일하기 어렵고 힘든 사람에게 여가 시간은 그야말로 일로부터 도피하는 시간이다. 힘든 일을 잊으려 술에 빠져 본다. 때로는 지금의 노동에서 탈출해 보고자 먼 장래를 위해 그 3시간의 여가 시간을 교육에 투자한다. 이들에게 여가는 자신의 일로부터 도피하자마자 여가 시간 본래의 매력을 상실해 버린다.

　다른 한편, 대기업인 H사의 총수는 잠을 거의 자지 않는다. 또 다른 대기업인 S사의 총수는 잠도 줄이지만 아까운 시간에 식사도 하루 한 끼만 한다. 이들에게 여가 시간이란 보통의 노동자들에 비해 '턱없이' 부족하다. 그러나 이들 가운데 누구도 업무강도를 줄여 달라고 쟁의를 벌이지 않는다. 이들에게 여가 시간과 업무 시간 사이의 구별이란 거의 없다. 그러나 여가 시간이 거의 없는데도 이들이 불행하다고 말하는 사람은 아무도 없다.

이렇듯 여가 시간을 애써 구하는 사람들과 여가 시간에 무관심한 사람 사이에는 일에 대한 차이가 은연중 스며들어 있다. 그래서 제조업 근로자와 관리·경영층의 여가 시간을 양적으로 비교하는 것은 별 의미가 없다. 일처럼 여가도 서로 질적으로 다르기 때문이다. 그렇다면 이제 우리는 이렇게 이야기할 수 있지 않을까. 여가를 바라지 않는 사람이 가장 행복한 사람이라고.

여가의 매력 상실이 극단으로 치달으면 여가 시간의 유희는 노동과 같은 성격으로 변해 버린다. 그것 역시 상품화의 위력에서 나온다. 여가의 대표격인 스포츠를 예로 들어보자. 운동과 같은 놀이는 스스로 활동함으로써 신체의 대사를 돕고 정신의 안정도 촉진시킨다. 농구나 축구 게임 후에 흘린 땀을 차가운 물로 씻어 내고 냉수 한 잔을 들이킬 때면 유희의 참맛은 그야말로 달콤하다.

그러나 관전 스포츠가 상품화된 후원자를 등에 업고 확대되면 스포츠에서 생겼던 유희는 노동으로 변모된다. 운동경기자의 즐거움이 관중의 즐거움에 종속된다는 이야기다. 직접 운동에 참여하는 선수 스스로 느낄 수 있는 유희는 점점 기대하기 어렵다. 관중이 좋아해야 자신도 운동에서 기쁨을 찾을 수 있기 때문이다. 관중도 참여보다는 관전을 좋아하고 그래서 관중은 의욕이 없는 수동성의 상태로 전락한다.

이렇게 되면 노동이 세계처럼 스포츠이 세계에서도 경쟁과 조직화가 그대로 침투한다. 스포츠에서는 축구선수의 주장이 아닌 코치나 감독이 우두머리로 활약하고 스포츠 관리 기구는 어떤 시합에서든 극적인 성공에만 힘을 쏟는다. 마치 공장에서 관리자의 힘이 세지고 고객 확보가 가장 중요한 목표가 되듯이. 이런 스포츠에서는 적당한 서투름과 방종은 허용되지 않는다. 그럴수록 운동 경기자는 점점 자신을 무리해 가며 학대하고, 관중은 점점 우매해져 간다. 단지 관중은 경쟁 속에 내몰린 피곤한 노동세계를 스포츠를 통해 멀리서 관조할 수 있는 기회를 잡을 뿐이다. "야, 이××야. 그 볼 하나 제대로 못 차 넣어. 개새끼 발이라도 그 정도는 굴려 넣겠다." 하며 상사의 위치에서 부하직원의 업무를 놓고 야단도 치고 기뻐하기도 하는 듯한 다양한 망상을 마음껏 풀어놓는다. 결국 상업화의 지배는 스포츠 공간에서 놀이의 성격을 몰아내고 그 자리에 공장의 논리를 대치시킨다.

이제 상품화에 찌들고 타락한 여가를 가지는 것보다는 자신이 하고자 하는 일을 하는 편이 더 나은 듯하다. 그래서 하고 싶은 일을 할 수만 있다면 여가 시간의 의미는 축소되어도 별문제가 없을 것 같다. 그러나 치사하게도 이것을 이용하려는 불순분자들이 나타나 문제를 복잡하게 만든다. 인간의 이기적인 지략은 끝도 없다.

이른바 전문·관리 직종에 종사한다는 노동자들은 그들이 좋아하는 일이니까 일을 아무리 많이 시켜도 별 무리가 될 것이 없다고 생각하기 쉽다. 그래서 일을 집행하는 상사들은 서슴없이 과도한 일을 요구한다. 전문·관리직 노동자는 스스로 지위 유지에 해를 입지 않으려고 열심히 일한다. 위로부터의 요구에 부응하고 자신의 창조성을 인정받기 위해 이제 여가 시간도 반납한다. 그러나 기다리고 있는 것은 반드시 명예로운 포상만이 아니다. 갑자기 닥친 과로사로 생을 마감해 버리면 남는 것은 허무뿐이다. 수많은 찬사와 포상도 아무런 소용이 없다.

아무리 낚시광이라고 하더라도 하루 종일 낚시하면 지겨워지듯이, 그리고 아무리 글쓰기를 좋아하는 사람이라도 몇 시간을 책상에 앉아 버티기 힘들듯이, 육체의 휴식이 있어야 정신의 활동과 유희가 보장되는 것은 당연하다. 그러나 이 당연한 사실이 '단지 내가 좋아한다는 이유만으로' 무시당하는 것은 분명히 보이지 않는 곳에서 어떤 조작이 이루어지고 있음을 암시한다.

만성피로 증후군의 숨은 의미

감기에 걸렸다 싶으면 우리 몸은 감기 증상이 생긴다. 발열과 몸살이 온몸의 힘을 빼앗아 간다. 그렇지만 발열과 몸살 기운만을 두고 보면 이런 증상을 반드시 '몹쓸 것'이라고 하기는 어렵다. 우리 몸속의 항체와 감기 바이러스 간의 전투 와중에서 생긴 숭고한 모습들이기 때문이다. 발열 과정에서 바이러스 시체들이 나뒹굴고 그러다 항체의 승리로 끝나면 감기 증상은 어느덧 우리 몸에서 사라진다.

보통사람들이 감기처럼 흔하게 달고 사는 증상 가운데 만성피로 증후군이란 것이 있다. 찌뿌듯한 몸, 개운치 않은 머리를 늘 달고 살다 보면 생활에 의욕이 없어진다. 그런데 이러한 만성피로 증후군을 단순히 병이 아니라 감기의 발열 증상처럼 현대인이 일상을 거부하고 저항하는 과정에서 생겨난 증상이라고 보면 어떨까?

비록 힘든 노동시간이라고는 하지만 끝나고 나면 자기만의 자유로운 시간을 가질 수 있다. 그 자유 시간을 통해 사람들은 내일의 노동을 위해 몸을 쉬게 함으로써 몸과 정신의 지속적인 재생산이 가능하도록 한다. 그래야 일의 능률도 오르고 그러면 안정된 지위와 월급도 보장될 테니까 말이다. 그러나 만성피로 증후군이 '만성화' 된 지금, 여가가 이러한 순수한 의미의 육체적, 정신적 재생산을 보장해 주고 있다고 말하기는 어렵다. 돈도 점점 많이 벌고 그만큼 여가 시간도 자신이 원하는 시간으로 만들어 가기가 훨씬 수월해지는 것 같은데 피로함은 가실 줄을 모르고 있는 것이다.

서울 근교나 영동 고속도로 쪽의 주말 교통체증은 이제 당연하다. 서울 근교는 서울 사람들이 바람 쐬러 나가기에 가까운 탓이고, 영동 고속도로 쪽은 설악산 지역을 중심으로 한 인접한 관광지가 많기 때문이다. 짬을 내어 휑하니 동해를 보고 서울로 돌아오지만 바다를 보고 탁 트였던 마음은 서울 근교에서부터 막혀 대는 체증에 다시 꽉 막혀 버린다. 그래서 밤늦게 집에 오고 나면 다음 날의 출근 부담에 가슴이 무거워진다. 관광지라고 이름이 붙은 곳을 가려면 일단은 피곤함을 각오해야 한다. 물론 생고생해 가며 놀러 갈 필요 없다고 집에서 빈둥거려도 주말이 다 지나면 아무래도 제대로 놀지 못했다고 후회한다. 가족들에게 미안하고 찾아뵙지 못한 부모님에게도 죄송스럽다.

이래저래 여가 시간조차 남과 비교되면서 그리고 계획이 잡히면서 순수한 자기만의 시간이 아닌 무언가의 압박과 어색함이 지배한다. 이래서는 마음이 안정될 리가 없다. 원하는 대로 벗어나고 싶지만 그게 마음대로 됐다면 진작부터 별문제는 없었을 테니까. 불안한 마음은 여가 시간에도 그대로 남아 있고 이것이 쌓이면 몸속의 피로는 그대로 축적되고,

이것에 저항하고 싶은 마음은 또 마음 한구석에서 꿈틀거리고. 결국 만성피로에서 벗어날 길은 전혀 없어 보인다.

이제 여가 시간이 꼭 오락 시간이 되어야 한다는 법도 하나의 이데올로기에 불과한 듯하다. 꼭 '잘 놀았다'라고 해야 여가를 '잘 보낸' 것일까. 여가를 좋고 나쁘다는 객관적 도식으로 잰다는 것도 이제는 힘들어 보인다. 객관적 도식은 언제나 눈에 가장 확실하게 보이는 물질의 영역과 친화력이 있었으니까. 이와 마찬가지로 여가에는 '낭비했다'라는 말이 통할 수 없다. 낭비했다는 말에도 누군가가 조작해 낸 가치의 잣대가 걸쳐져 있다. 여가 시간이 상품화와 조작적 세계 속에 지배당하고 있다면 오히려 '낭비했다'라는 말이 더 진정한 여가 시간이 될지도 모를 일이다.

다른 나라 공원의 질은 차치하고 양으로만 비교해도 서울의 공원수는 가물에 콩 나듯 한다. 그래서 서울의 아파트 단지 한쪽 구석에 아담하게 꾸며 진 공원의 모습을 보고 있으면 도심 속에 이런 자연을 옮겨 놓은 세심함에 흐뭇해진다. 그렇지만 젊은 나이의 내가 공원을 사색한답시고 산책로를 걷자면 여기저기서 '헉헉' 거리며 옆을 스쳐 지나가는 입김들을 자주 만난다. 그러면 좀 불편해지는 마음 때문에 그냥 걸음을 멈추고 앉아 본다. 퇴근하고 나서 운동하시는 중년의 아저씨 아줌마들의 규칙적 운동에 내 느린 발걸음이 방해될까 봐 그런 것만은 아니다. 혼자서 걷는 젊은이라고는 아무도 없는데 나만 혼자 걷자니 외로워져서도 아니다. 열심히 자신의 건강을 가꾸는 사람들이 지나치며 '저 젊은이는 젊은 나이에 이런 공원에서 무슨 허송세월을 보내는 거야' 하며 시간 낭비를 질타하는 무언의 소리가 아마도 공원의 산책을 어색하게 만드는 가장 큰 이유인 것 같다.

  많은 사람에게 젊은이나 늙은이의 사색과 상념은 낙담과 실업, 패잔의 의미와 같아져 있다. 그래서 그런지 한국인의 여가 시간을 조사하는 그 많은 항목에서조차 사색과 상념이란 항목은 없다. 사색과 상념은 올바른 여가 시간이 아닌 그냥 시간 낭비로 보이니까. 물론 그런 선입견에는 나도 예외 없이 소심함을 드러냈다. 그러나 조작과 지배에 대항할 수 있었던 힘은 늘 개인의 사색에 있었다는 것을 상기하면, 결국 진정한 여가는 물질이든 일상이든 그 어떤 것으로부터도 자유로운 마음에서 시작하는 것이 아닐까?

다섯 번째 이야기 신세대문화 비판

번창하는 신세대문화, 그리고 그 배후

미국에서 수입한 청바지가 이대 앞에서 날개 돋친 듯 팔렸다. 그 청바지는 살갗이 보일 듯 말 듯한 찢어진 청바지와 애써 들인 물을 다 뺀 흐릿한 청바지들이었다. 유행의 탓이었다. 바쁜 세상에 자기가 온전한 청바지를 하나 사서 여기저기 찢고 물 빼고 하려면 오죽 힘들었을까? 그래서 감각적인 자신을 위해 큰돈을 주고 산 그 수입 청바지는 전혀 아깝지 않다. 역시 여성의 미적 감각은 노력하지 않고 돈 들이지 않으면 '초라한 더블'이 될 뿐 '화려한 싱글'이 되기는 어렵다고 했던가?

그렇지만 역시 세월이 약인가 보다. 보통 남자들 눈에 그 찢어진 청바지는

"바지를 찢고 다녀? 저것도 유행이라고……"하며 시작되었지만, 이제 여기저기 찢어진 청바지가 걸어 다니는 것을 보면 '과감하게 저런 옷을 입고 다니니 저 여자 감각이 있나봐'로 어느새 바뀌었다. 죽 끓듯 하는 변덕을 돌아볼 틈도 없이 일단은 그 찢어진 청바지 사이로 시선이 쏠린다.

최첨단 유행의 끝 간 곳

물론 찢어진 청바지에 대한 관심도 그때뿐일 것이다. 찢어진 청바지도 다른 유행들처럼 그냥 유행의 순서를 밟으며 왔다가 사라져 가겠지 했다. 그래서 별문제 될 것이 없는 줄 알고 그냥 잊혀 가고 있었다. 그런데 이게 웬일인가? 뭐 그 찢어진 수입 청바지가 미국 애들이 입다 버린 옷이었다고? 그것도 걸레로 재활용될 산업폐기물이었다고? 그걸 약삭빠른 한국 사람이 헐값에 사들여 '문화의 중심지'인 신촌 벌에서 팔아먹었단 말이야? 너무 헤어져 돈 주고나 버려야 될 그 청바지를 비싼 값에 팔고, 그것도 없어서 못 팔았다고? 쓰레기인 줄만 알고 아무 생각 없이 세관을 통과시켰던 정부에서 뒤늦게 그 헤어진 청바지에 관세를 매긴다고?

한 라디오 프로그램을 진행하는 '별밤지기'로부터 흘러나왔던 그 보도는 충격적인 사실이었지만 역시 유행의 힘은 강력했다. 그 뒤에도 여전히 찢어진 청바지는 살아 있었다. 색다르고 멋있다는 생각이 이내 산업폐기물의 이미지를 덮어 버렸다. 하기는 버려서 걸레를 만들 뻔한 청바지를 사람들이 입고 다닐 수 있는 유행으로 만들었으니 멋진 재활용이긴 하다. 물론 고급 명품의 '재활용 청바지'는 한국밖에 없을 테지만.

그러나 솔직한 심정은 구역질 같은 것이었다. 저 정도로 유행을 따라야 하는 것인가란 유행에 대한 회의는 다음 생각이었다. 그전에 이미 '미국놈'들이 입다 버린 청바지를 우리가 입고 거리를 활보하는 자체가 메스꺼운 건 내가 너무 '비국제화' 되어 있는 탓이었을까?

요즘 신세대라 불리는 젊은 층들의 유행 감각은 남다르다. X세대와 마찬가지로 저마다 다른 개성을 추구하는 2000년대의 주역이라서 Y세대라 불리는데, 유행 감각이 기성세대와 같을 리 없다. 그래서 이제 유행도 개성의 추구라는 틀 안에 갇혀 버렸다고 신세대들 스스로가 강변한다.

유행은 많은 사람에게 퍼져 있는 옷 입기 방식이다. 그리고 개성이란 나만의 특징을 간직하고 드러내는 행위이다. 그렇다면 유행과 개성은 서로 공존할 수 없는 성질의 것이다. 그런데 신세대들의 주장대로 만약 이 양자가 공존하고 있다면 어떻게 될까. 우선 사람들의 옷이 똑같은 것은 없지만 비슷비슷한 것은 많아진다. 똑같은 형태에 색깔만 다르다든가, 같은 색상이라도 입는 방법이 달라진다든가 하는 미세한 차이가 드러날 뿐이다. 이 탓에 똑같은 옷이라도 유행에 맞는 한 벌만으로는 유행을 따라가기 어렵다.

다른 한편으로 유행과 개성이 공존하게 되면 유행은 그 주기가 짧아지는 특성이 있다. 유행이 서서히 대중에게 알려지면서 본격적으로 퍼져 나갈 때쯤 되면 다른 유행이 서서히 시작된다. 왜냐하면 '개성 강한 신세대'는 너무 많이 퍼진 유행에 식상하기 때문이다. 또 다른 유행의 앞에 서고 싶어 하는 신세대 의식이 유행을 따르는 대중들에게 지금의 한물간 유행을 빨리 벗어 던지라고 권한다.

유행과 상품의 마모

상품은 생산되자마자 물리적 마모가 시작된다. 언젠가 그 상품이 다 닳아서 없어질 때까지 마모는 계속된다. 자동차의 평균수명을 10년 정도로 잡는다면 그 자동차는 완전히 마모될 때까지 10년은 쓸 수가 있다는 얘기다. 그러나 상품에는 물리적 마모만 있는 것이 아니다. 현대에 오면서 더 중요한 마모는 사회적인 마모이다. 자동차를 10년 동안 쓸 수 있는데도 물리적 마모가 될 때까지 10년을 끌고 다니는 사람은 몇 명 되지 않는다. 그 사이 새로운 디자인과 새로운 성능을 가진 자동차로 바꾼다. 3년밖에 안 된 차지만 구형 차가 되어 버리면 아무도 타려고 하지 않는다. 그 차는 물질적으로는 성하지만 사람들에게 외면당해 사회적으로는 쓸모없어져 버린 것이다.

이러한 사회적 마모를 촉진하는 주범은 당연히 기업이다. 생산과 소비가 지속되어야 기업은 이윤을 남긴다. 하나의 상품을 생산해서 그 상품의 물리적 마모가 끝날 때까지의 장시간을 기다렸다간 망하기에 십상이다. 늘 수요보다 과잉생산을 하는 기업이 살아남는 길은 상품의 사회적 마모를 짧게 해서 소비를 계속 유발해 내는 것이다. 그래서 기업은 점점 많은 상품을 유행에 포섭시킨다. 자동차나 가구 같은 내구소비재는 성능만이 아니라 디자인 또한 그에 못지않게 중요해진다. 이제는 성능

향상 기간보다 디자인 변화 기간을 짧게 하는 것이 오히려 소비촉진에는 더 효율적인 방법이 된다.

이러한 사회적 마모가 가장 적나라하게 드러나는 것이 유행에 가장 민감한 의류산업이다. 유행 속에서 기업이 의도하는 것이 있다면 그것은 당연히 소비의 증진이다. 유행에 따라가기 위해 사람들이 소비를 늘려 가기 때문이다. 이제 여기에다 유행의 주기까지 짧아지게 되면 소비는 이전보다 더욱 가속화된다. 상품의 사회적인 마모기간이 이전보다 더욱 짧아지게 되는 것이다.

생산력이 발전할수록 상품의 성능이나 기능, 견고함이 이전보다 더욱 향상되고 있다는 것은 주지의 사실이다. 이 사실대로라면 생산력이 발전할수록 상품은 이전보다 더 오래 입을 수 있다. 그러나 실제는 다르다. 섬유의 질은 점점 좋아지지만 그 옷을 입는 기간은 거기에 반비례해서 점점 짧아진다. 자본주의가 발전하고 생산력이 향상되는데도 상품 수명은 점점 짧아지는 것이다. 누군가에 의해서 상품의 사회적인 마모기간이 엄청나게 짧아지고 있기 때문이다. 오직 찢어진 청바지에서만 상품의 물리적 마모와 사회적 마모가 극적으로 만나고 있을 뿐이다. 상품의 질은 향상되고 내가 버는 돈은 늘어 가는 것 같은데 늘 뭔가 부족한 듯한 느낌이 드는 것도 어떻게 생각하면 바로 이러한 자본주의 상품의 모순이 우리 삶 속에서 적나라하게 드러나기 때문이다.

신세대론으로 돌아가서 신세대 유행의 속성을 다시 들여다보자. 이제는 유행 속에 들어 있다는 개성 표현을 '순진하게' 받아들이기가 거북스럽다. 개성 표현 속에 숨겨진 그 무언가가 있을 것 같은 기분 때문이다. 유행과 개성표현이 공존해서 유행주기가 짧아진다면 득 보는 것은 신세대가 아니다. 짧아진 유행주기를 따라가려는 신세대들이 이제 대규모 소비군단으로 등장하면 오히려 진짜 실익을 챙겨 가는 것은 의류기업이다. 그것도 생산은 하청공장에다 다 맡기고 상표만 붙이는 대기업들이 그 실익의 최고 수혜자가 된다. 이렇듯 신세대의 유행과 개성의 아름다움은 가죽과 접착제 냄새로 핑핑 도는 머리에, 그리고 바늘에 찔려 부르튼 미싱공의 손에 그 기원을 둔다. 야하고 화려한 그녀의 액세서리와 가방, 옷가지 뒤에다 그녀는 자신이 가장 싫어하는 '지저분한 공장'을 달고, 걸치고, 입고 다니는 셈이다.

개성의 이기주의화, 솔직함의 망나니화

신세대는 개성이 강하다. 그리고 솔직하다. 그래서 신세대는 기성세대에게서는 볼 수 없었던 활기와 의욕이 넘친다. 정말 좋은 일이다. 그러나 개성의 신장이 개인주의라는 부작용도 가져왔다. '난 내가 누구와 닮았다는 말이 제일 싫다. 난 단지 나일뿐' 하니까 자기밖에 모른다. 이러한 솔직함도 별로 달갑지 않다. 자기주장만을 내세우기 위한 솔직함일 테니까 말이다.
"내숭은 싫다"라고 한다. 미팅에 나가서도 난 누구와 커플이 되고 싶다고 손가락으로 찍기 미팅을 한다. 속마음은 있으면서도 빼고, 수줍어하고, 아양 떨던 구세대와는 다르다. 정말 화끈하게 솔직하다. "난 혼자 살고 싶다", "독립하고 싶다"라고 우리의 신세대는 과감히 외친다. 그러고는 싫었지만 부모님에게 말도 꺼내지 못했던 구세대와는 다르다.

신세대는 두려움 없이 솔직하다. 난 남자지만 '귀걸이를 하고 싶다' 라고 한다. 충동이 있어도 여자 것이라면 금기시하던 구세대와 다르다. 좀 거북스럽긴 하지만 역시 솔직하다. '난 자동차를 갖고 싶다' 라고 한다. 생각을 갖고 있는 그대로 부모님께 과감히 요구한다. 솔직하지만 솔직하다는 개념으로 포용하기에는 좀 벅차다. '포르노에서 본 대로 성행위를 하고 싶다' 라는 충동을 느낀다. 그래서 미리 점을 찍어 놨던 옆집 여학생을 이슥한 밤 골목길에서 기다리다 강제로 폭행한다. 자신의 충동을 참지 않고 그대로 표출했다는 점에서 그 폭행은 '솔직하다'. 그러나 아무도 이제는 그 솔직함에 대해서 솔직하다고 표현하지 않는다. 추악한 짓거리일 뿐. 물론 그 솔직함이 이 지경까지 으르는 사람은 몇 되지 않지만.

개성도 개성 나름이고 솔직함도 솔직함 나름이다. 지나친 개성이나 경박한 솔직함에 대해서는 아무도 박수치지 않는다. 그리고 신세대의 개성이나 솔직함이라고 말할 수 있다 해도 그것은 대체로 한쪽으로 편향되어 있다. 정치, 경제, 사회적 현상에 대한 관심에는 자신의 개성 있는 독특한 견해를 펴지 못한다. 소비충동에만 솔직하지 생산현장에서 일하는 것에는 충동조차 생기지 않는다. 오직 누군가가 만들어 준 조작적인 충동에만 충실하고 솔직하다. 그래서 인내심이 없다. 그러니 생각할 수 있는 힘도 없다. 일탈하고 싶은 충동에 대한 내부억제도 그만큼 느슨해진다. Y세대들의 순수하고 솔직한 성향에도 불구하고 그런 솔직함에는 자기중심적인 성향이 강화되고 내부통제가 약화되는 현상이 수반되고 있는 것이다.

그렇다면 그 경계선을 우리는 어디다가 그어야 하고, 누가 그 선을 그어야 하는가. 그리고 그 선을 그을 가능성은 얼마나 있는 것인가. 선을 긋는 것은 기성세대의 몫이기도 하고 신세대의 몫이기도 하다. 그러나 어느새 신세대의 자기 강변의 목소리에 많은 구세대가 추종하고 만다. 정말 억눌려 살아온 구세대의 마음에는 신세대처럼 살고 싶었다는 욕구가 잠재해 있는지 모른다. 그래서 구세대의 비판 목소리는 마파람에 게 눈 감추듯 줏대 없이 춤을 춘다. 잘못하다간 시대 변화를 따라가지 못하는 폐품이라는 대세 논리에 눌려 버릴 테니까. 어느새 '나도 신세대에 끼고 싶어. 우리 같이 놀아 볼까?' 한다.

신세대도 마찬가지다. 기성세대로부터 빼앗긴 그들만의 공간을 위해 본능적으로 자신들의 문화를 옹호한다. 그래서 좀 끼워 달라고 클럽 앞에서 서성대도 이십 대 후반 이상의 양복족은 사절이다. 신세대 자신들도 그리고 기성세대들도 신세대문화에 대해서는 일단 긍정한다. 문제를 제기하는 것은 다음 일이다.

레즈비언 문화는 성 해방 문화인가

신세대의 개성과 솔직함이 미덕이 될 수 있는 가장 큰 근거는 모든 억압으로부터의 자유라는 논리에 있다. 그래서 우리 사회에서 가장 억압받아 왔던 성욕과 여성문화가 신세대문화 속에서 봇물 터지듯 분출하는 것은 어쩌면 당연하다. 이것은 아직 우리 사회에는 회자하지 않았던 레즈비언 논의에까지 불을 붙였다. 레즈비언 문화는 성교로부터의 자유와 여성억압의 탈피를 함께 지니고 있다는 특성 때문에 신세대문화의 뜨거운 감자로 등장했고, 어느새 신세대를 대변하고 선도하는 이데올로기로 떠올랐다. 레즈비언 문화는 남성문화 중심의 기존 구조에 반발하고 일어선 새로운 저항문화로 이해해야 한다는 것이다. 과연 그럴까?

 레즈비언 문화에서는 지배문화에 길들여진 남성이 배제되니까 평등한 여성들 간의 관계로만 이루어지는 듯이 보인다. 이것은 자연스러운 결과일 수 있다. 처음 만나는 사이여도 여자들은 이전에 자주 만났던 양 금방 친해지니까. 아마 거기에는 서로가 남성문화의 피해자라는 동정이 깔려 있어서 그럴지도 모른다. 그러나 레즈비언 문화를 엿보면 남성문화에 대한 저항과 여성들 간의 평등이 어느 정도 투영되고 있는지가 의심스럽다.

 레즈비언들은 같은 여자들이지만 호모들처럼 남성과 여성 역할이 분리되어 있다. 남성역할의 레즈비언은 여성 역할의 레즈비언을 통솔하고 보호해 주지만 때로는 질투도 한다. 서로의 평등한 관계보다는 소유와 지배의 속성이 더 두드러진다. 자신의 파트너에 대한 배타적 소유욕이 보통 사람들의 이성에 대한 소유욕 못지않다. 레즈비언 문화 속에 평등보다는 또 다른 지배와 종속의 문화가 스며들어 있는 것이다. 이것은 기존의 남성지배 문화가 반영된 것과 얼마나 다른 것인가?

 모든 억압으로부터의 자유가 온전한 해방을 의미하지는 않는다. 그것은 모든 원인을 하나로만 돌리는 환원론일 뿐이다. 애완동물을 자식 아끼듯 하는 독신녀의 예를 들어 보자. 그 능력 있는 독신녀는 자신들을 하늘같다고 뻐기는 남성들을 증오한다. 그래서 많은 사람들을 자신의 애견만도 못하다고 빗대다 남성문화로부터 탈피하여 그 독신녀는 개를 자신의 사랑대상으로 택했다. 결국 애견과의 사랑도 억압으로부터의 탈피 수단인 셈이다. 그것은 이기적인 성에 불과하고, 새로운 지배와 종속의 문화를 그들 속에 다시 만들어 보려는 노력에 지나지 않는다. 사람과 동물을 불문하고 그것을 자신의 충직한 하인으로 새롭게 만들어가는 과정일 뿐이다.

레즈비언 문화는 남성배척 문화이고, 그들에게 남성은 죄인이다. 그러나 레즈비언들의 문화는 그것이 남성배척이란 수준에 머물렀기 때문에 저항의 문화도 평등의 문화도 될 수 없었다. 모든 인간에 대한 애정을 전제로 하지 않는 한 어디 가서든 사람에 대한 편애는 버리기 힘들다. 지주와 자본가에 대항한다고 할 때 모든 지주와 모든 자본가를 그대로 저항의 대상이라고 생각하는 것과 비슷하다고나 할까? 지주도 '나쁜 지주'와 '좋은 지주'가 있고 자본가도 자본가 나름이라는 생각 없이, 모든 지주와 모든 자본가는 나쁘다는 구조 환원론이 역사에 아무런 도움을 준 것이 없었던 것처럼, 남성에 대한 일방적 거부는 파괴와 쾌락만을 좇는 디오니소스적 발상에서 한 걸음도 진척하지 못한 것이다. 이렇듯 억압으로부터의 탈피는 도피가 될 수도 있고, 또 다른 억압으로 들어갈 수도 있는 여러 가능성을 갖는다.

기로에 선 성 개방

극단적인 레즈비언의 예를 들지 않더라도, 신세대의 성문화는 이제 누가 뭐래도 개방적이다. 이제 성의 억압에서 받았던 압력과 성의 개방에서 받는 압력이 서로 대등할 정도이다. 사랑하면 결혼하지 않아도 성관계를 할 수 있다고 한다. 사랑하지 않더라도 즐거움과 사교를 위해 성관계를 가지 수 있다. '사랑'이 흔해지고 사랑의 개념도 정신적 사랑에서 육체적 사랑까지 사람마다 천차만별이란 것을 생각해 보면, 혼전 섹스는 이제 남성에게서 여성에게로 까지 '평등하게' 확대되고 있는 셈이다. 물론 여기에는 피임기술과 피임지식이라는 의학의 발달이 한몫하고 있다.

그러나 성 개방이 정말로 순수하게 열린 성을 만들어가고 있는 것은 아니다. 남성억압 문화로부터 여성의 성이 뛰쳐나와 해방된 듯싶더니 막상 그 앞에 버티고 서 있던 엄청난 괴물과 다시 맞닥뜨린 것이다. 닥치는 대로 상품화시키는 기계 사회가 성 개방에 흥청대는 신세대를 통째로 집어삼켜 버린다. 그 기계를 통과하고 나면 저마다 자신의 성과 값에 상표를 부여한다. 쟤는 성형외과 들어갔다 나오더니 좀 비싸졌고, 쟤는 대학에 떨어졌으니 좀 싸졌다는 딱지가 몸 여기저기 더덕더덕 붙는다.

이렇게 차별화된 상품을 그냥 팔짱 끼고 구경만 하기에는 온몸이 쑤시는 사람이 있다. 여자정복을 일생의 목표로 삼은 돈 많은 카사노바가 이제 그 성 상품 시장에 뛰어들어 그들의 세일즈 실력을 발휘한다. 재미교포를 사칭하며 BMW를 몰고 다니며 300여 명의 젊은 여성과 관계를 맺었던 한국판 카사노바 N씨는 이렇게 말했다. 난 재미교포 사업간데 너무 외로워 애인을 구한다며 접근했는데 외관상 몸매가 뛰어난 여자들이 오히려 쉽게 유혹에 넘어오더라고. 외모가 출중하다고 생각하는 여자들이 오히려 쉽게 유혹에 넘어오더라고.

그럴 수밖에 없을 것 같다. 외모가 출중하다고 생각하는 여자들이야 자신을 스스로 돈 많은 사업가가 탐낼 만하다고 생각하니 아무 의심 없이 유혹을 매혹으로 받아들였을 것이고, 외모가 좀 처지는 여자야

'저 남자 돈 있다고 나한테 접근하는데 좀 이상하지 않아?' 하고 의심부터 했을 테니 유혹에 걸려들기 힘들었을 것이다. 그런 상품화 논리에 빠져 있는 여성심리를 사교의 기술이 풍부한 카사노바가 놓칠 리 없다. 그 N씨가 30대 중반이 넘도록 결혼하지 않은 이유는 너무도 당연했다.

"이래 재미있게 사는데 왜 결혼합니까?"

성의 개방으로 성 억압에서 탈피했다고는 하지만 성의 상품화에 종속되면서 또 다른 지배에 묶이고 말았다. 성의 상품화는 성의 타락을 가져왔다. 여전히 가부장 문화에서 완전히 발을 빼지도 못했는데 벌써 상품화 속에 종속되면 희생되는 것은 또 여성일 뿐이다. 성을 자신의 지위나 생활상승의 도구로 이용했다면 결국 인간성의 가장 중심에 선 성을 언제든지 폐기 처분하겠다는 것과 다를 바 없다. 이런 상태라면 그냥 즐거움을 위해 섹스하는 사람을 성 윤리가 없다고 비난하기도 멋쩍다. 성을 이용해서 '부'를 소유해 보려는 '프리티 우먼 증후군'에 빠진 여성들보다는 어쨌든 나은 차악이니까.

구 도식의 재도입 : 서구화 = 진화

성 개방, 개성, 솔직함 같은 신세대 문화가 국제화와 개방의 물결을 타고 확산되면서 신세대뿐 아니라 초보주부나 중장년층들에게 새로운 자극을 심어 주고 있다. 그래서 미혼 때는 돈을 잘 쓰다가도 결혼하면 대개 알뜰주부가 되는 전통을 결혼한 뒤에도 자신의 개성을 위해서라면 쓸 때 쓴다는 미시족이 대신하게 되었고, 뒤늦게 자신의 인생을 새롭게 살아보겠다는 중장년층 주부들은 대세를 등에 업고 이혼결정을 해낼 수 있는 용기까지 갖도록 해주었다. 최근 중장년층의 이혼율이 급상승하는 것은, 단지 아이 부양과 경제적 부담이 해결된 시점이란 요인보다는, 신세대 문화의 확산이 사회 전반에 끼친 영향을 반영하고 있는 것이다. 음주와 구타를 일삼으면서도 자신을 하늘처럼 받들라는 남성의 권위는 여성의 인내를 담보로 지금껏 잘도 유지되어 왔다. 하지만 이제는 어디서도 그 정당성을 얻기 힘들어졌다. 신세대 문화가 사회와 개인 생활 향상에 세운 혁혁한 공헌의 본보기를 우리는 여기서 잘 확인할 수 있다. 그렇지만 신세대 문화에는 너무나 많은 서구 지향적 요소들이 섞여 있다. 대중문화에서부터 레즈비언까지 대부분이 미국 문화에서 직수입된 것들이다. 문화는 몸에 맞지 않는 옷과는 다르다. 미니스커트가 처음 보기에는 어색해도 시간만 지나면 자연스러운 미를 드러내듯이, 문화란 모든 것을 시간 속에서 익숙하게 만드는 마력을 갖고 있다. 그래서 새로운 문화에 대해서 처음에는 비판의 목소리가 높지만 시간만 지나면 어떤 것이든 관대해지는 것이 문화의 담론이다. 문화의 직수입이 무서운 이유가 여기 있다.

그리고 문화는 혼자 다니지 않는다. 서구음악문화의 유입은 첨단 음향기기의 발달을 몰고 오고, 할리우드 오락영화의 번성은 첨단 컴퓨터 그래픽의 수입을 촉발한다. 문화는 지적 재산에서 얻는 이윤뿐 아니라, 그것이 동반하고 있는 엄청난 물질적 성장과 이윤의 잠재력 또한 선도하고 있는 것이다. 문화는 결코 순수한 정신의 산물만은 아닌 것이다.

이런 문화의 속성을 보면 어떤 문화와도 적절히 융합하는 것이 발전에 도움이 된다는 진화론적 사고는 경계해야 한다. 그러한 진화론적 사고는 서구화를 용인하고 비판의식을 봉쇄한다. 신세대 문화는 어쨌든 과거보다 나은 문화이고, 또한 그 문화가 대세라는 생각은 신세대문화 속에 예전의 폭압 정치를 복원하는 것일지 모른다. 신세대에 대해 그리고 신세대 속에 묶인이 아닌 비판정신을 복원하는 것이 진정 이 시대의 흐름에 역행하는 것인지는 인간의 의지가 판가름할 뿐이다. 그러나 비판의 과잉은 좀 시끄럽고 문제가 있긴 하지만 조용한 비판의 부재보다는 언제나 더 나은 게 아닐까.

여섯 번째 이야기 한국인의 파벌 짓기

인맥 만들기의 사회 심리학

"자네는 무슨 성씨고 본은 어디인고?"
"고향이 어딥니까?"
"그 친구, 학교는 어디 나왔나?"

처음 보거나 듣는 사람들에 대해 그 사람이 어떤 사람일까 하는 궁금증은 누구나 다 갖고 있다. 그렇지만 초면인 사람이 앞에 있을 때 또는 듣기만 했지 잘 알지도 못하는 사람이 대화에 등장할 때, 그 사람의 신상명세를 자세히 물어보기란 껄끄러운 일이다. 이럴 때 가장 간단한 물음으로 그 궁금증의 일단을 푸는 방법이 위의 몇 가지 질문들이다.

성질 급한 사람은 그런 간단한 질문에 대한 응답으로 그 사람을 미리 평가해 버리고 만다. 하지만 가끔은 그 질문에서 서로 통하는 무언가를 찾기도 하고, 그렇게 되면 그 질문은 궁금증을 넘어 친교형성의 계기가 되기도 한다.

빛과 어둠의 조리사

한국의 인맥과 파벌은 크게 혈연, 지연, 학연이라는 커다란 세 축으로 이루어져 있다. 물론 혈연, 지연, 학연이 유독 한국에서만 나타나는 현상은 아니다. 사람은 자기 가까이 있는 사람과 친해지는 것이 보편적인 사실이니까. 그래서 어느 나라의 어떤 분야를 보건 팔이 안으로 굽는 모습은 늘 목격된다. 이것은 공간적인 보편성뿐만 아니라 시간적인 보편성도 지니는 말이다. 예나 지금이나 그 정도나 형태만 바뀌었을 뿐 혈연, 지연, 학연이 자신의 신분과 출세에 영향을 미치지 않는 시대는 없었기 때문이다.

그러나 재미있는 것은 그 간단한 첫 질문들이 세대에 따라 미묘하게 차이가 난다는 점이다. 성씨와 본을 묻는 분들은 주로 노년층에 많고, 고향을 묻는 사람들은 중장년층에, 그리고 학력이나 학벌을 묻는 사람들은 젊은 청년층에 많다. 물론 직장이나 직업을 묻는 첫 질문은 세대구분과 관련 없이 보편적으로 나타나지만, 그런데 그렇게 각 세대 간에 차이 나는 첫 질문의 연원을 추적하다 보면 우리는 각 시대의 사회상을 엿볼 수 있다.

혈연은 문벌 중심의 과거든 아니면 가족중심의 현재든 시대를 통틀어 개인의 지위에 가장 큰 영향을 미친다. 그러나 옛날의 혈연은 지금의 혈연과는 다르다. 조선 시대까지의 혈연개념만 해도 성씨를 포괄하는 대규모의 친족을 칭했다. 그렇게 혈연 관념이 강할 수밖에 없었던 것은 혈연이 개인의 지위에 엄청난 영향력을 발휘했기 때문이었다. 집안에 열녀나 효부 하나만 나와도 가족들이 낮은 벼슬 하나는 얻을 수 있었고, 만약 재상이라도 배출된다면 그 가문의 구성원들이 직접 혜택을 입을 정도였으니 집안의 대소사가 자기 일처럼 느껴졌을 것이다. 반대로 역적이나 한 사람 나오고 사상이 불순한 사람이 생기면, 그 집안은 패가망신한다. 개인에게는 연좌제가 걸려 일생을 망치기도 했다. 이렇듯 혈연으로 구성된 가문이 과거에는 사람들의 신분과 생활을 규제하는 대단한 힘이었다. 이러한 전통을 자신의 아버지, 할아버지에게서 물려받은 노인분들이 대뜸 성씨와 본관을 물어본다고 해서 어색해하실리가 없다. 물론 이런 질문이야 앞으로 점점 듣기 힘들어질 것이고, 머지않아 씨가 말라 버릴 테지만.

지연의 등장도 한국에서는 혈연만큼이나 오래된 역사를 갖고 있다. 그러나 그것이 엄청난 배타성을 띠고 이 땅에 휘몰아쳤던 것은 역시 박정희 정권이 들어서면서부터였다. 물론 예전부터 지연을 조장하는 조건들은 꾸준히 존재해왔다. 홍경래 난과 동학 농민전쟁을 거치는 조선 후기의 혼란기에서도 그 반항과 항쟁은 지역성을 어김없이 드러냈고, 일제 강점기 때 토지수탈이 휘몰아친 전라도 지역에서는 다른 어느 지역보다 소작쟁의가 두드러졌다. 조선 후기와 일제 강점기를 통해 가문이라는 혈연을 떠받치고 있던 집안의 경제력은 상당 부분 몰락과 분산의 경험을 겪게 되었지만 지역적 차별은 여전히 다른 방식으로 존속했던 것이다.

그러다 전쟁의 상처와 흔적이 이전에 존재하던 지역 차별 전통을 뒤흔들어 놓는 것 같았다. 그러나 한국전쟁에서도 지역 차별은 다른 방식으로 배태되고 있었다. 인민군이 한 번도 범하지 못한 경상도 땅. 이러한 지역 이미지는 공산 세력에 감염되지 않았다는 '자긍심'을 심어 주었고, 이것이 반공의 기치를 내건 정권 창출에 커다란 디딤돌이 되기도 했을 것이다. 박정희 정권은 이미 반공이라는 이데올로기 속에서 지역 차별을 예고하고 있었던 것이다.

반공의 기치 이외에 박정희 정권이 내건 또 하나의 목표는 경제 재건이었다. 경제재건의 카드는 무력으로 정권을 잡아 언제 어떻게 될지 모르는 불안한 쿠데타 정권을 지속시켜 주는 가장 커다란 힘이었다. 불안한 정권을 일단 안정시키는 방법은 역시 혈연을 정권 중심부에 포진시키는 것이다. 그러나 경제 재건을 위해서는 전문 관료가 필요했다. 경제 재건목표가 혈연관계에 의해 해결될 수는 없었다. 결국 정권의 안정도 달성하고 전문 관료를 확보하기 위해서는 혈연보다 광범위한 인적 자원이 있는 지연 쪽으로 눈을 돌리지 않을 수 없었다. 지연에 기초해서 정권 안정도 확보하고 전문 관료도 등용시키는 방법을 선택했던 것이다. 그러면서 생겼던 다른 지역에 대한 철저한 배타, 그 속에서 난무했던 지역 간 갈등과 수많은 조작. 이런 상황이 개인의 삶을 억압하고, 왜곡시키고, 때로는 그 반대로 급상승시키기도 하면서 지역에 대한 편견을 강화시켰다. 이런 세월을 살아온 우리 중장년층들이 고향이 어디냐고 먼저 조심스럽게 물을 때, 그것 또한 하나도 어색하지 않다.

이제 현대로 올수록 요물단지로 등장하는 것이 학벌이다. 공부로 출세도 하고, 시집 장가도 가고, 돈도 번다. 물론 학벌 시대라 해도 혈연이나 지연 역시 죽지 않고 의연하지만 말이다. 이제 공부가 주는 하나의 스트레스는 그 공부란 것이 인맥 없이는 소용없다는 것이다. 공부 자체가 아니라 공부를 통한 새로운 인맥형성이 학벌 사회 속에 더 중요한 공간으로 삽입된다. 이제 학교라는 공간을 통해 배우자를 찾고, 인맥도 형성해 간다. 대학에 들어가서 미팅, 동아리, 동문회를 전전하다가 취직할 때가 되면 학교 상표를 붙이고 동문의 인맥 덕택에 취업도 한다. 학교만큼 인맥을 형성하기 좋은 곳도 없다. 서울 강남의 8학군이라고 하는 곳은 학부모에게 선망의 지역이다. 8학군이 교육열도 강하고 공부하는 분위기도 되어 있다는 생각 때문이다. 그러나 다른 측면에서 보면 교육적 분위기는 별반 큰 면모를 과시하지 못한다. 내신 성적이라든가 아이의 자신감을 생각할 때 오히려 8학군이 마이너스효과를 가져오기도 한다. 그래도 8학군을 고집하는 이유에 대해서 '공부 잘하는 자식'을 둔 한 학부모는 이렇게 말한다.

"우리 애들이 공부 잘하라고 8학군으로 이사 온 건 아니에요. 다른 곳이나 여기나 애들 성적에야 별반 차이가 있겠어요? 그렇지만 이곳 아이들은 명문대학에 많이 들어가니까 그런 친구들을 많이 사귀다 보면 우리 아이들이 사회에 진출했을 때 서로서로 아무래도 도움이 되지 않겠어요?"

벌써 자식의 인맥을 관리해 주는 부모의 세심함이 놀랍다. 그러나 그 이면에는 우리 사회가 얼마나 연줄에 의해 좌지우지되었는지를 부모들 스스로의 체험에서 자식에게 다시 전수되는 것을 본다. 서러운 일이다.

이런 세태를 거쳐 간 젊은이들이 출신대학부터 따져 사람을 평가하려는 것은 이제 이 사회가 만들어낸 자연스러운 결과라고 봐야 할 것 같다.

정보화 사회의 조직률 – 인맥 만들기

정보화 사회의 인간조직은 정보기술을 통해 점차 개방되고 확장되기 때문에 이전의 폐쇄적인 인간관계가 줄어든다고 한다. 그래서 권력도 고정되지 않고 유동적으로 움직인다고 한다. 지식과 정보를 많이 소유하는 자로 권력이 이전되어 가는 것이다. 소비자나 노동자가 지식과 정보를 많이 소유하고 있다면, 권력도 생산자에서 소비자로, 경영자에서 노동자로 평등하게 배분된다. 생산자든 경영자든 소비자든 노동자든 스스로 정보를 많이 소유하고 있으면 힘 있는 자가 될 수 있다. 이 시대는 아무래도 정보창구인 컴퓨터를 잘 다루고 자기 분야의 지식만 있다면 충분한 권한을 누리면서 살 것 같다. 인맥을 통해 자신의 지위를 보장받고자 하는 따위는 구시대의 유물에 불과한 듯 보인다. 이제 정보화 사회가 민주주의 꽃을 피우게 되는 것이다. 그러나 과연 세상은 그렇게 돌아가고 있을까.

H사의 기획실에 근무하는 K씨는 '텔레폰 K씨'라고 불린다. 그런데 이 K씨가 물품과의 말단으로 일하다 기획실의 대리로 발령받은 데는 남다른 사연이 있다. H 대기업 총수가 대통령 후보로 나서자 해당 회사는 말할 것도 없고 계열사조차 업무는 제쳐놓고 모든 사원이 선거운동원으로 총동원되었던 적이 있었다. 이들에게 할당된 주된 임무는

서류상으로 당원을 만드는 일. 대부분의 사원이 친척, 친구를 전전하며 당원서류를 내밀었지만 보기보다 쉬운 일이 아니었다. 그 성과는 많아 봤자 20~30명 정도였고 대부분이 10명 안팎이었다. 그러나 K씨가 만든 당원 수는 500여 명. 한 사람의 능력으로는 가위 상상을 불허하는 수였다. 이후부터 K씨는 비록 회사 이외의 업무였지만 인맥 형성의 자질을 인정받아 기획실 대리로 전격적으로 발탁되었다. 역시 그 예측은 들어맞았고 회사 내에서 할당된 어떤 어려운 업무도 K씨는 척척 해냈다. 자신이 모르면 어떻게든 아는 사람을 통해 자문을 구하곤 해서 일 처리를 해냈으니 그 사람에게 인맥이 곧 정보요, 힘이었다.

K씨의 책상에 있는 명함 책은 이제 빈 공란 없이 빽빽하다. 중고등학교, 대학 동창의 주소는 언제나 손에 닿는 곳에 놓여 있다. 동창회 일이라면 솔선해서 일을 추진하고 명함도 자주 뒤적이며 안부전화를 걸기 때문에 전화의 반수는 업무와는 상관없는 통화다. 그러나 이제 주위에서 그것을 나무라는 눈초리로 보는 사람은 없다. 그게 그 사람의 '장기적인' 업무방식이고 출세의 수단이니 이제는 모두의 눈초리에 부러움이 섞여 있을 뿐이다.

실제로 인맥은 정보화 사회 속에서 그 힘을 잃었다기보다는 오히려 더 강해지고 있다. 그 이유는 정보의 성격이 사람에 상관없이 공평하게 배분되고 있지 못하기 때문이다. 사람들이 정보를 점점 더 필요로 함에 따라 정보의 가치가 높아지게 되고 그럴수록 정보를 둘러싼 경쟁이 심해지게 된다. 이것이 정보의 배타적인 사적 소유를 더욱 촉진시켰다. 정보가 필요할수록 정보에 접근하기는 그만큼 더 어려워진 것이다.

그리고 정보는 재화와는 다른 성격을 지니고 있다. 정보는 백화점에 진열된 것이 아니다. 그렇다고 필요할 때마다 금방 만들어 낼 수 있는 것도 아니다. 다른 재화와는 달리 인간의 머리를 그 진원지로 하기 때문이다. 그래서 적재적소에 필요한 정보를 갖다 놓기란 현실적으로 어렵다. 이러한 정보의 본질적 성격이 정보의 사적소유와 합쳐지면 필요한 정보에 접근하기 위해 이전보다 훨씬 많은 대가를 지급해야 한다. 이런 정보화 사회의 상황은 인맥 만들기에 성공한 사람의 가치를 드높여준다. 이제 언제 어디서든 신속하게 필요한 정보를 얻을 수 있는 인맥은 곧 권력이다. 그래서 인맥에 따라 권력은 차등 분배되고 만다. 정보화 사회가 가져올 것만 같았던 민주주의는 고독을 즐기는 사람을 빼고 사교적이고 배경만 좋은 인맥 지향자를 그 중심에 놓는다.

이런 인맥이 사교 증진과 업무증진을 위해서 만들어지는 수준까지는 그래도 어느 정도 인맥의 효용성을 인정할 수 있다. 그러나 이제 인맥이 만사가 되면 정상적인 생활의 왜곡을 서슴없이 내보인다. 몸이 아파도 좋은 병원에 입원하려면 응급실에서부터 수십 대 일의 경쟁을 뚫어야 한다. 가만히 있다간 당하기에 십상이다. 병원 수위라도 몇 다리 건너 알지 모른다고 여기저기 수소문해 본다. 그러다 혹 수위라도 줄이 닿으면 정말 입원 절차가 시작된다. 이 정도면 멀쩡한 두 눈이 안돌 리가 없다. 병원 가서 의사에게 촌지를 건네주며 '개인적인 인간관계'를 나누고 싶은 심정도 결국은 인맥 때문에 생겨난 피해의식의 산물인 셈이다.

이렇듯 인맥이 만사가 되면 인맥 지향은 인간 지향이 아니라 권력 지향으로 변질된다. 자신과 동등한 사람이나 열등한 사람을 한데 묶는 인맥 공간은 사라지고 위로만 향하는 인맥 만들기가 번성하는 것이다. 미국 대통령이 방문하기만 하면 사진 한 장 찍는데 목숨을 걸 정도로 광분하는 정치인들, 대통령이나 야당총수의 휘호를 수백만 원에 사들여 자신의 배경으로 삼으려는 사업가들로부터 시작해서, 사교를 위해 주말마다 골프 치는 사장님들, 인맥의 가장 큰 피해자여서 인맥을 가장 적극적으로 만들어 가는 우리 샐러리맨들까지 인맥 만들기는 생활의 동반자에서 지위 상승을 위한 인생의 목표로 비약했다.

피라미드 속의 인맥

인맥은 어떤 상황에서도 큰 힘을 발휘한다. 그러나 그 완성태는 역시 피라미드 판매장식에서 드러났다. 자본주의가 인맥을 최대한 이용하면 인간관계가 어디까지 변질될 수 있는가를 극명하게 보여준 것이 바로 피라미드 판매 방식이었다. 이 피라미드 판매 방식은 정부가 규제해야 할 정도로 한국에서 대대적인 선풍을 일으켰었다. 돈을 왕창 벌고 싶다는 생각과 인맥을 중시하는 태도가 공존하는 한국을 다국적기업의 피라미드 유통망이 그냥 지나칠 리 없었다. 선전은 이렇게 시작되었다.

피라미드 판매방식에서는 소비자가 곧 유통업자가 된다고 말한다. 그래서 스스로 그 상품을 구매함으로써 상품의 유통비용을 아낄 수 있을 뿐 아니라 이제 스스로 유통 비용 일부를 이익으로 배당받을 수 있다고 한다. 자기 밑의 라인으로 세 사람만 데려오면 된다. 그 세 사람이 또 세 사람씩을 데려올 것이고 그렇게 되면 자기 라인 밑의 판매의 일정부분을 배당받는다는 것이다. 세 사람만 데려오면 만사가 다 해결된다. 이미 사람들의 마음에는 싼값에 물건을 산다는 선전보다는 그 이익배당에 마음이 간다.

여기서 피라미드 업자들이 한국인의 심리를 역이용한다. 자기 라인 밑의 세 사람을 친한 친구나 친척, 가족들로 채우라고 한다. 그게 일단 훨씬 쉬운 일이고, 자신이 아끼는 사람들이 또 그 밑에 사람을 데려오면 이익배당을 받으니, 가족에게도 좋은 일을 할 수 있다는 것이다. 그래서 이제 한 라인 전체에는 모두가 연결되어 아는 사람들뿐이다. 한데 모이면 무슨 집안 잔치라도 난 것 같다. 그러나 결과는 수십 수백만 원을 호가하는 '건강 제품'이 집안에 하나씩 늘어난 것뿐, 돈이 쉽게 벌리지 않는다. 하지만 들인 돈과 시간이 아깝다. 자기 아래 라인 어디선가 갑자기 인원수가 불어나기만 하면 가만히 앉아서 수백을 챙길 수 있는데 하는 생각에 쉽게 발을 빼지도 못한다.

피라미드 사업자들은 스스로의 일을 '믿음 사업'이라고 칭했다. 자신들의 상품은 '질이 좋은데도' 고가이기 때문에 선뜻 사람들이 사지 못하지만 써 본 사람들이 이를 증명함으로써 상품을 판다는 것이다. 그래서 미리 사용해본 사람이 믿을 만한 사람들에게 다시 물건을 팔 수 있다는 것이다. 그러나 실제 상품은 별다른 효과가 없어도 돈 벌 수 있다는 '믿음'을 통해 엄청난 효과가 있는 것처럼 느껴지고 또 그렇게 선전된다. 이제 피라미드에 빠진 사람들은 연락도 없던 동창, 옛 친구들을 찾아가며 인맥 늘리기에 집중한다. 인맥은 곧 돈이 되니까. 그러나 피라미드식 유통에는 시장이 없다. 인맥을 통한 하향식 소비가 있을 뿐이다. 시장이 없으니 가격도 제대로 형성될 수 없다. 10만 원 정도밖에 되지 않는 상품이라도 100만 원이라고 가격이 붙어 내려오면 그냥 100만 원에 모두 사야 한다. 자신에게도 이익배당이 돌아올 수 있다는 믿음 때문에 가격에 대한 의문은 어디서도 제기되지 않는다. 소비자로서의 권리를 포기하고 유통업자로서의 허상만 붙들고 있는 셈이다. 그러나 이익금은 피라미드 사업주의 통장에서만 쑥쑥 커 나간다. 그 사이 인맥을 통한 유통 사업이 인간관계를 심하게 왜곡시킨다고 사회 문제화 될 듯할 때, 수억을 챙긴 피라미드 사업주는 이미 한국을 떴다. '오! 인맥의 나라여, 나의 구세주여!'

속 모르는 부러움

원래 그룹이나 결사를 행하는 과정은 공동체적의식을 지향한다는 점에서 바람직한 사회 행동이었다. 중세의 길드, 교회의 결사, 지역공동체 등 다양한 결사체 덕분에 개인들 사이의 상호부조체제가 갖추어졌고, 이것이 사람들의 삶에 안정을 제공해 주었다. 그러나 자본주의 시기로 접어들면서 경쟁이 격화되고 개인주의 성향도 강해졌다. 이러한 자본주의화가 서구의 전통적인 결사체를 해체한 것은 당연한 결과였다. 공정한 경쟁에서는 어떤 결사체의 형태도 불공평하다는 인식이 개인주의의 밑바탕이었다.

그러나 현대 서구의 많은 지성이 개인주의에 대체하는 새로운 이데올로기를 주창하면서 다시 결사체의 복원을 주장하고 있다. 개인주의가 몰고 온 그 많은 폐해는 결국 개방적이고 자발적인 결사체를 통해 해결 가능하다는 것이다. 이런 생각이 서구인들로 하여금 결사체적 전통을 오래 보존하고 있는 동양에 대한 부러운 관심을 불러일으켰다.

물론 서구가 바라보는 동양적 이상이 한국에 그대로 적용되지는 않는다. 산업화에도 불구하고 여전히 계조직이라든가 또는 지연, 혈연, 학연에 기초한 결사가 지속하여 온 것은 사실이다. 그러나 한국의 결사형태는 서구가 바라듯이 개인주의를 극복하고, 기존 이념에 비판적인 대항문화라는 맥락에서 파악하기는 어렵다. 오히려 결사의 과정은 흔히 다른 집단을 배제하고 비난하기 위한 배타적인 파벌로 발전된다.

인맥 만들기가 배타적으로 향하는 이유는 사회계약의 원리보다는 힘의 원리가 우선시되는 사회에 익숙해져 있기 때문이다. 사회규칙의 운용과정에서 물리적 힘이 침투할 공간이 많이 비어 있을수록 혼자가 아닌 여럿이 연줄을 형성하는 것이 개인의 의사를 관철하는 데 절대적으로 유리하다. 이런 모습은 한국 사람들의 사소한 일상생활 속에서도 흔히 확인할 수 있다. 혼자 있을 때 한국 사람만큼 도덕적이고 정숙한 사람은 없어 보인다. 정숙하다 못해 소극적이기까지 하다. 무더운 여름철에 버스 창문이 닫혀 있어도 모두 땀만 흘릴 뿐 아무도 창문을 열지 않는다. 누군가가 열어주면 그때야 시원해한다. 그렇지만 여럿이 함께 타면 버스를 전세 낸 양 북적거릴 수 있다. 약간만 더워도 창문을 훌쩍 열어버린다. 평소에는 얌전하다가도 여럿이 함께 다니면 쳐다보기도 미안했던 짧은 치마의 여자에게 휘파람도 불 수 있다. 머릿수만큼 자신의 힘은 세진다. 그리고 그 힘은 곧 비도덕적이고 방종한 것으로 연결된다.

이렇듯, 힘의 원리가 인간관계를 지배하게 된 것은 한국의 역사적 경험이 잘 설명 해준다. 줄 있는 사람과 줄 없는 사람 사이의 불평등은 민주적인 절차를 우습게 만들었다. 여기다가 자본주의의 부와 권력을 위한 쟁탈전이 겹치면서 서로 줄 대기 위해 안간힘을 쓴다. 그리고 자신이 속한 집단은 어떤 경우에도 철저히 옹호한다. 한의사와 약사, 의사 사이의 밥그릇 싸움에서 우리는 갈등을 보았고, 의대 정원과 사법고시 인원을 증원해야 한다고 아무리 외쳐봤자 지위 보존을 위해 소귀로 돌변하는 '어르신들'에게서는 오만을 본다. 공정한 규칙 없이 횡행하는 교육계의 자기 사람 심기에서는 유치함을 본다.

집단 이기주의는 결국 힘에 입각한 이기주의 논리이다. 이때 개인적인 책임은 집단의 위력 속에 버려지고, 개인의 권리만 그 집단의 위력으로 성취된다. 겉보기에는 결사가 형성되는 것 같아도 그 속은 개인주의가 곪아 터져 이기주의로 전환한 모습일 뿐이다. 그 어디에도 서로 양보하고 봉사하는 상호부조의 공동체란 없다.

결사하는 취지는 그 결사 자체로는 의미를 평가하기 어렵다. 결사는 사회적인 위치와 환경에 따라 그 성격이 달라지기 때문이다. 서구에서는 개인주의의 폐해가 결사체의 형성을 주장하게 했다면, 우리의 경우에는 민주주의 절차양식이 없었기 때문에 개인의 생활에서 결사는 그만큼 중요했다. 그것이 한국의 인맥 만들기를 왜곡시킨 장본인인 셈이다.

일곱 번째 이야기 | 한국의 아동문제

백화점에 버려진 아이

불교에서는 인간의 태어남을 괴로움으로 표현한다. 기독교에서도 인간은 죄를 갖고 태어난다고 한다. 참 이해하기 어려운 말이다. 자식을 기다리던 부모가 아이를 출산했다면 얼마나 기쁜 일인가. 대를 이어야 한다며 마음 졸이던 할아버지가 손자를 본다면 이 또한 얼마나 기쁜 일인가. 이런 생각을 해보면 태어난다는 것은 기쁘기 그지없다. 그렇지만 이런 생각이 그리 오래가지는 못한다.

1994년 3월 X일 서울 잠실의 한 대형백화점 여자화장실에 생후 2개월

된 한 아기가 바구니에 담겨 버려졌다는 짤막한 토막기사가 신문에 실렸다. 그 아기는 이내 발견되어 경찰에 신고되었고 시립아동병원으로 옮겨졌다고 한다. 만감이 교차했다. 아기를 버린 엄마에게 울화가 치밀었다. 그렇지만 오죽했으면 아이를 버렸을까. 그리고 그 아기는 어떻게 커질까. 그 아이에게 태어남이란 스스로가 택하지 않은 천벌로 그리고 고통으로 다가오는 느낌을 지울 수가 없었다.

우리나라에서 버려진 아이 문제는 새삼스럽지 않다. 예부터 우리나라에는 업둥이 풍습이 있었다. 먹고 살기 힘든 집에서 아이가 태어나면 그 엄마는 아이를 살리자는 일념에서 넉넉해 보이는 집 앞에 아이를 갖다 두곤 했다. 특히나 그 집이 무슨 경사나 잔치를 치르는 날이면 업둥이는 여지없이 받아들여졌다. 업둥이를 받지 않으면 재앙이 온다는 옛말에 혹시나 잔치를 망치지 않을까 염려해서였다. 그 아이를 버린 어머니는 그 뒤 가끔 그 집 앞을 오가며 자기 자식을 넌지시 지켜보기도 했던 것이 우리네 업둥이 풍습이었다. 그렇지만 지금의 업둥이는 백화점에 그리고 길바닥에 버려진다. 다시 찾고 싶어도 다시 보고 싶어도 그럴 수가 없다. 나중에 다시 찾아야겠다고 생각했다면 왜 대형백화점 화장실에 아이를 버려 놓는가. 나중에 아이를 찾을 수 있는 방법은 그 아이를 버린 장소밖에 다른 근거가 없다. 그렇다면 그 아이는 혹시나 엄마가 나중에 자기를 찾으러 오지 않을까 기대해서 자신이 대형백화점 여자 화장실에 버려졌다는 것을 천형처럼 생각하고 살아가야 한다. 아이에게 이 정도의 고통을 줄 사람이라면 아이를 나중에라도 찾아야겠다는 의지는 없다고 봐야 하지 않을까.

고아수출국

우리나라는 잘 알려진 대로 고아 수출국 1위였다. 고아들이 수출전선의 첨병으로 그리고 GNP 성장의 주역으로 활약해왔다. 그 후 정신을 차린 정부에서는 고아 수출국이라는 오명을 씻고자 1996년까지는 해외 입양을 전면 종식하자는 목표를 세웠다고 한다. 그렇지만 수난받는 아동의 상황은 나아지지 않고 있다. 우리나라 고아 수출 통계를 보면 1989년부터 계속 감소해 오다가 1993년도에 들어 다시 증가 추세로 돌아섰다. 그 이유는 간단하다. 아이를 버리는 부모들은 점점 늘어나지만 국내 입양하려는 가구는 점점 줄어들고 있기 때문이다. 이 현상에 대해 한 국내 입양기관에서 일하는 사람은 이렇게 해석한다.

"해외 입양이 갑자기 늘어난 것은 경기침체 등의 영향으로 버려진 아이들이 늘어난 반면 국내 입양은 줄어들었기 때문이죠. 통상 경기가 침체해 도산하는 업체와 실업자가 늘면 상대적으로 버려지는 아이들이 많이 발생하고 국내입양도 줄어듭니다." 경기 침체가 가족들의 부양능력을 감소시켰고 이것이 다시 입양능력도 감소시켰다는 설명이다. 어딘가 너무 단순한 설명이 아닐까란 생각이 들었다. '어떻게 먹고 살기 힘들다고 아이를 버릴 수가 있을까. 생활이 어렵다면 스스로 입거나 먹는 것을 줄여 아이 키우는 데 쓰면 되지 않을까.' 이런 생각들 때문에 경기침체가 고아를 방출한다는 해석은 너무 경제적이고 수치에 치우쳤다는 느낌이 드는 것도 사실이다. 그러나 얼토당토않은 이런 경제적 해석이 아이 버리기와 직접 관련을 맺고 있는 것이 엄연한 현실이라고 입양기관은 설명한다. 옛날 업둥이의 원인이 되었던 먹고 살기 힘든 상황이 정보화 사회로 치닫는 현대에 와서까지도 인간 생활을 지배하고 있는 것이다.

물론 고아 수출에는 우리나라 아동복지의 문제점이 그대로 드러나 있다. 아동복지가 전혀 없기 때문에 경기침체 같은 경제적인 요인이 그대로 고아 수출이라는 결과로 직접 나타날 수밖에 없다. 탁아 시설이나 아동보호 시설이 잘 발달되어 있다면 설사 아이가 버려졌다고 해도 해외로 수출되어 입양되는 사태는 막을 수가 있다. 그러므로 다른 복지는 몰라도 아동복지만큼은 시급한 지원과 정책적 배려가 있어야 한다는 것은 당면한 요구로서 인정받아야 한다. 그렇지만 아동복지가 완벽하게 갖추어진다고 하더라도 그것으로 버림받고 있는 아이들의 문제가 완전히 해결될 수는 없다. 종교기관에서 운영하는 한 보육원의 관계자가 아이를 버린 한 부모를 용케 찾아내서는 설레는 마음으로 그 엄마에게 전화한 적이 있었다. 그렇지만 그 반응은 의외였다. "전 그 애를 키울 수 없어요. 아니 걔를 보육원에서 데려갔잖아요. 그런 애들은 국가에서 관리해 줘야 하는 것 아니에요? 나는 할 일이 많아요. 그 애를 찾지 않을 테니 다시 전화하지 마세요. 딸깍." 매정하고도 당당하게 끊어지는 전화를 들으면서 결코 버려지는 아이들의 문제에는 국가정책의 문제나 경제순환의 문제만이 아닌 더 근원적인 문제가 도사리고 있음을 어렴풋이 느낀다.

왜 아이들을 버리는가

1993년 말 한 연구기관에서 한국 전업주부의 가사노동에 대한 약 평균 임금을 산정한 것이 신문지상을 통해 보도된 적이 있었다. 약 90만 원 정도의 수치였다. 전업주부의 그 많은 허드렛일이 그 정도의 임금으로밖에 산정되지 않나 싶어 좀 작다는 느낌조차 들었다. 청소하기, 밥하기, 빨래하기, 애보기 등등 그 정도의 일이 용역업체나 파출부들에게 맡긴다면 훨씬 더 많은 비용이 들 거라고 생각했다. 정말로 한국의 주부들은 위대했다.

그러나 여기에는 예기치 못한 함정이 도사리고 있다. 할머니가 귀여운 손자의 손을 씻겨 주는데 그 임금이 1,000원, 부인이 남편의 등을 안마해 주는데 2,500원, 엄마가 농구시합을 하다 더럽혀진 아이 옷을 빨아 주는데 1,500원……. 나열하면 할수록 무엇인가 방향이 잘못되었다는 갑갑한 느낌을 지울 수가 없었다. 이런 식으로 주부의 가사 노동을 평가함으로써 가정 내에서 여성의 지위와 역할을 상승시키고 사회적으로 인정받을 수 있다는 취지를 모르는 것은 아니다. 그러나 그 방식이 너무 자본주의적이고 상품화 되어 있다는 데 문제가 있다. 자본주의적 관계가 가족영역에까지 침투하여 인간관계를 양적으로만 접근한다면 결코 사랑과 희생, 우정과 같은 관계는 가족 내 어디서 그 공간을 찾을 수가 있겠는가? 물론 그러한 희생이나 사랑이 주부에 의해서만 베풀어지는 것은 아니다. 남편도 가정 내에서 일정 정도의 희생을 감수해야 한다. 그러나 가족의 성격을 상품 관계로 탈바꿈시키면 남편의 역할도 뻔하게 드러나고 만다. 주부의 가사노동이 화폐화되어 표현된다면 남편도 바깥에서 '돈 벌어 주는 사람'의 위치 이상의 지위는 갖지 못하게 되는 것이다.

이렇게 되면 부부간의 관계도 언제든지 자신의 노동에 대한 대가로 평가받기를 바란다. 서로 자신의 노동에 상응하는 대접을 받지 못할 때 상품 관계에서 생기는 계약 관계처럼 스스로의 권리를 주장하고 가족관계의 파기를 스스럼없이 행할 수 있게 된다. 특히나 여성이 사회에서 임금노동에 종사하게 되면 가정 내에서의 보상심리는 더 커지고, 남편도 전통적인 남성 우위의사고 때문에 가족 내에서의 충돌이 잦아지게 된다.

우리나라가 최근 들어 이혼이 급증하는 이유도 그 근본적인 원인은 바로 이러한 자본주의적 가치관이 가족 내에 침투하면서 생겨난 것이라고 말할 수 있다. 현재의 통계로 보면 결혼한 7쌍 가운데 1쌍은 이혼을 하고 있다는 말이다. 성격이 서로 맞지 않아서 살 수 없다는 데야 할 말이 없다. 괴롭게 얼굴 보고 사느니 차라리 떨어져서 다른 인생을 서로 새로 시작하는 것이 낫다고 생각한 소치이다. 당사자들 간의 이혼이야 때로는 당연하다. 서로 새로운 인생을 시작한다고 해서 누가 뭐라고 하겠는가. 그러나 이제 문제는 아이들이다. 옛날 같으면야 서로 아이를 양육하겠다고 법정싸움까지도 벌였지만 이제 세상은 많이 달라졌다. 서로 아이만은 부양하지 않겠다고 책임을 떠넘기기 일쑤이다. 아이를 키우게 되면 자신이 임금을 위해 벌어들이는 시간도 희생되어야 하고 또 양육비도 엄청나기 때문이다.

이혼의 사유가 변한 것을 보면 이런 아이 부양을 서로 꺼리는 것이 이해가 된다. 1980년대까지만 하더라도 이혼의 사유는 배우자의 불륜이나 외도가 가장 큰 비율을 차지했다. 그러나 1990년 들어 이혼 사유는 서로 간의 성격차이가 가장 큰 비율을 차지하는 것으로 변해 버렸다. 각자가 자기중심적인 사고방식 때문에 상대방에 대한 이해나 보완의식이 희박해졌고, 이러한 개인주의적인 성향은 곧잘 부부간의 충돌로 이어졌다. 이런 부부간의 충돌에는 전통적인 가치와의 갈등 속에서 생겨난 충돌도 상호 복합되어서 표출된다. 예를 들어 시댁 식구만을 챙기고 시댁 식구에 충성을 강요하는 남편과 부부 동등의식이 뿌리박힌 아내 사이에는 충돌이 더 자주 일어난다. 이것이 개인주의적 의식과 뒤섞이면 그 갈등은 의외로 더 커지게 된다. 결국 순수한 개인주의보다 전통과 결합된 한국적인 개인주의가 이혼을 더욱 급증시켰다고 할 수 있다. 이렇듯 급증하는 이혼에서 희생을 요구하는 아이 부양은 서로 회피하게 된다. 그리고 '애 딸린 여자가 무슨 재가는 재가야 일부종사해야지.' 같은 주위의 눈총처럼, 아직은 아이를 데리고 재가하기 어려운 사회적인 분위기가 아이들을 서로 떠넘기는 기폭제가 되고 있는 것이다.

　이혼으로 인해 아이를 버리는 경우를 제외하면 미혼상태의 출산으로 아이를 버리는 경우가 가장 많다. 특히 버려지는 신생아들의 경우 대부분이 미혼상태의 출산이라고 한다. 연령층으로 보면 십 대 미혼모들이 미혼모 비율에서 약 반수를 차지하고 있다. 이들이 임신한 경우 아이 부양은 불가능하고 또 사회적인 질책이 따른다. 그렇기 때문에 출산한 아이들이 그대로 버려진다고 해도 지나친 말이 아니다. 여기에다 성에 대한 잘못된 편견과 교육 탓에 임신한 사실조차 모르는 경우도 허다하고 임신했다고 해도 낙태를 위한 약물복용을 서슴지 않아 기형아 출산도 높다. 십 대 미혼모에 의한 출산아 가운데 약 30%가 기형아라고 한다. 십 대들 간의 이성에 대한 호기심과 애정을 이해 못 하는 것은 아니다. 그러나 성에 대한 무지는 개인적으로나 사회적으로나 너무 큰 대가를 가져온다. 성에 대한 단순한 호기심이 순식간에 삶을 파행으로 몰고 갈 수 있다. 그리고 그렇게 태어난 아이는 무슨 죄가 있기에 천형을 타고나야 하는가.

그렇게 버려진 아이들은 버려진 것으로 끝나지 않는다. 부부의 이혼문제나 미혼 부모들의 문제는 그들만의 문제로 끝나는 것이 아니라 아이 자신의 인생에 관한 또 다른 문제를 불러일으킨다. 아동기는 흔히 환경에 의존적이고 많은 학습을 해내는 시기이다. 프로이트는 아동기의 의식이 한 사람의 평생 의식을 좌우하는 무의식의 세계를 형성한다고 생각했을 정도로 한 인간의 생애에서 아동기는 가장 민감하고 중요한 시기이다. 미드나 피아제 같은 심리학자도 아동기의 특징을 자신을 다른 사람이나 환경과 분리해 자아상을 확립해가는 과정으로 분석했다. 아동기에 형성된 자아관은 평생토록 자신에 대한 평가 척도가 되는 것이다. 어머니와 긴밀한 애정관계를 경험하지 못한 어린 아기는 나중에 심한 성격장애를 겪게 된다는 것은 통설이자 많은 연구에 의해서도 증명되었다.

아동기에는 자신과 지속적으로 상호 관계해서 성격을 형성해 주는 어머니와 같은 존재가 필요하다는 것에는 많은 학자가 동의하고 있다. 그래서 아이들에게 부모는 다른 사람과는 다른 '의미 있는 타자'라고 말하기도 한다. 이런 사실에 비추어 봤을 때 미혼이나 이혼한 부모가 아이를 버렸다고 해도 좋은 보호소에서 그 아이가 생활한다면 약간은 안심할 수 있지 않을까 하는 생각은 그리 합당한 생각이 아니라는 것을 알 수 있다. 아무리 좋은 보호소나 유아원이라고 할지라도 한 아이에게만 지속적으로 관심을 갖도록 인원이 배치된 곳은 없는 것이 현실이기 때문이다.

　결국 해체되어 가는 가족제도 아래서는 아동들에게 정상적인 성장을 기대하기란 어렵다. 그렇다면 어떻게 해야 하는가. 가족해체가 지속된다면 이스라엘의 키부츠처럼 사회 자체를 공동체로 만들어 전체 집단이 동시에 그 집단에서 배출한 아이의 양육을 맡는 것은 어떨까? 언뜻 보기에 가족해체에서 오는 양육문제를 현실적으로 해결 가능하게 만든 대안인 것처럼 보인다. 그러나 가족 해체가 개인주의적 속성으로부터 왔듯이 이런 개인주의적 속성이 밑바탕에 깔린 채 공동체적 부양이 제대로 이루어질 것이라고는 생각하기 어렵다. 아예 아이를 낳지 않고 인간이 살아간다면 이런 양육 문제없이 자유롭게 결혼과 이혼을 반복할 수 있을 거 같지만 그렇게 되면 인간사회 자체의 존립은 사라진다. 아무리 이리저리 재어 보아도 지금과 같은 일부일처제를 골격으로 한ー물론 그 형태에는 다양한 방식이 있겠지만ー가족제도가 비록 그 해체의 성향을 보이기는 하지만 당분간은 그대로 생명력을 갖고 지속될 수밖에는 없다. 그렇기 때문에 아동문제의 해결도 이 틀 내에서 이루어져야 한다. 이혼하더라도 아이들은 그들의 입장에 서서 보호소나 유아원으로 보내지기보다는 아이들의 입장에서 부모 양자 중 한편을 택할 자유의사를 주어야 하고, 그러지 못할 나이에는 국가와 부모 간의 협의가 따라야 한다. 국가 지원도 보호소 차원만이 아닌 아이 양육권을 가진 개별 가구에 대한 지원정책으로 개선되어야 한다. 십 대 미혼모에 대해서는 적극적이고 개방적인 성교육을 통해 미혼 상태의 임신과 출산을 근본적으로 막는 것이 최선의 방법이다.

미국의 경우를 보면 이혼하더라도 자식이 21세가 될 때까지 부양비용을 국가에서 지급하면서 가족 내 생활을 권장하고 있다. 스웨덴의 경우는 부모가 이혼하고 재가하더라도 아이의 의사에 따라 아이가 이혼해서 별거하는 부모에게 왕래할 수 있는 사회적 분위기가 마련되어 있다. 이혼과 결혼에 대한 관대한 분위기가 반드시 좋다고는 할 수 없지만 아이들의 입장을 사회적으로 수용하는 분위기는 본받을 만하다. 그러나 무엇보다도 역시 결혼에 대한 윤리관을 시급히 정립하는 것이 필요하다. 물론 무엇보다도 좋은 방법은 이혼하지 않고 가족을 유지해 가는 것이다. 이를 위해서는 아버지나 어머니 양자가 가족 내 역할에 대해 새로운 습득을 하는 노력이 필요하다. 가족은 스스로 참여하는 하나의 사회이기 때문에 이기적이지 않은, 서로가 그 유지에 힘쓰고자 하는 이타적 역할을 서로 인식할 수 있어야 한다.

학대받는 아이들

버려지는 아이들보다 더 심각한 행태는 살해당하고 학대받는 아이들이다. 버려지는 아이들은 그나마 국가가 운영하는 보호소나 종교재단의 보호소에서 생명과 최소한의 물질적 안전을 보장받을 수 있다. 그렇지만 살해당하는 아이들은 살아 볼 기회조차 없고, 가족에 의해 폭행당하는 아이들은 국가에 의해 보호받을 권리조차 없다. 아버지가 휘두른 흉기에 찔려서 병원에 실려 온 아이. 버릇없다고 피우던 담뱃불로 아이의 가슴을 지지는 아버지. 잘 놀다가도 아버지만 들어오면 살벌해지는 집과 그래서 탈출하고만 싶은 아이. 이런 집이란 화목과 온정이 넘치는 가정이 아니라 간수와 폭군이 지배하는 감옥이나 다름이 없다.

통계적으로 보면 아직 우리나라의 아동학대는 미미하다. 그러나 신고되지 않은 아동학대를 고려해 본다면 현실의 극히 일부분만이 드러나고 있는 셈이다. 비록 통계상으로만 보더라도 성폭행당하거나 구타당하는 아이들이 해마다 늘어나고 있다. 구타와 욕설, 감금 등의 학대받는 아이들은 비정상적인 의식과 행동을 보인다. 한 조사에 의하면 학대받는 아이들 가운데 86%가 주의산만, 75%가 공격성, 60%가 파괴성+반항성, 48%가 잘 웃지 않고 위축, 48.3%가 부정적 자아관을 각각 나타낸다고 한다.

도대체 어떤 사람들이 왜 아동을 학대하는가? 이혼하는 부모들이나 미혼모들이 아이들을 버리는 이유는 경제적인 이유거나 사회적인 분위기 때문이었다. 그러므로 이들 이혼 남녀나 미혼모들은 최소한의 사회적 적응을 위해 아이 버리기를 택한다. 그렇지만 아동학대는 사회적인 부적응을 경험하는 사람들—예를 들면 실업상태에 빠진 사람들이나 타인으로부터 무시당하고 있다고 생각하는 사람들—이 가족 내에서 가장 약하고 힘없는 위치에 있는 아동들을 폭력에 의해 지배하려고 하는 심리에서 유래한다. 그래서 남편이 부인에게 폭력을 가하는 정도보다 아동에게 폭력을 가하는 정도가 더 심한 이유도 아동이 가족 내에서는 가장 약자이기 때문이다. 이들 아동학대자들이 사회적인 부적응을 경험하면서 생기는 성격은 대개 소심하거나 아니면 폭력적인 양극단에 치우쳐 있다. 때문에 아동학대자들도 대개는 이런 성격을 가진 사람들이 많다고 보고된다.

가족이나 친지 내에서 아동학대가 이렇게 빈발하는 이유는 일단 가족이나 친지들 간의 폭력과 폭행에는 죄의식이 따르지 않는다는 사실 때문이다. 실제로 이웃이나 경찰에서도 아동학대를 포함한 가족 내 폭력은 '집안일'이므로 관여할 것이 못 된다고 생각하고 있다. 결국 가족 내에서 살인사건이 나면 그제야 '도대체 왜들 이러는 거야' 하면서 기이한 듯 눈을 비비고 일어서고 사회적으로도 커다란 관심거리를 잡은 듯 세간의 이목이 집중된다. 그렇게 되도록 내버려둔 것이 바로 사회적인 무관심이었는데도 그 원인은 가족 내의 불화를 삭히지 못한 가족 구성원들에게만 돌아가는 것이다. 가족은 나의 소유물이기 때문에 내 마음대로 할 수 있다는 집안 가장의 생각이 아동학대나 폭행을 자연스럽게 만들고 있다. 특히 학대행위를 가족 내에서만 행하고 사회생활에서는 오히려 모범을 보이는 사람들이 가족을 사유재산으로 생각하는 사람들이다. 이들에게 무엇보다도 필요한 조치는 아동에 대한 폭력이나 폭행이 큰 죄라는 의식을 심어 줄 필요가 있다. 아동의 입장에서는 그런 가족의 폭행이 행복을 추구할 수 있는 자신의 인생을 왜곡시킬 커다란 요인이 되기 때문에 당연히 사회적으로 법규에 의해 처벌할 수 있다. 이런 처벌이 정확하게 적용되면 될수록 가족을 스스로의 소유물이기 때문에 사유재산 권리라고 무죄의식을 가졌던 사람의 생각을 아동에 대한 행복추구권의 박탈이라는 생각으로 뒤바꿀 수 있는 것이다.

특히 부부간의 불화가 잦으면 아이에 대한 불만과 가정에 대한 불만이 중첩되어 아동에게 학대를 가하는 경우가 많다. 고래 싸움에 새우 등 터지는 꼴이다. 결국 고래싸움을 말리기 위한 사회적 장치도 필요할 뿐만 아니라 가족을 이끌어 가는 부모는 스스로 자식에 대한 교육자로서 그리고 보호자로서의 역할을 습득하는 문화적 장치가 더욱 시급한 실정이다

그러나 교육자와 보호자로서의 부모 역할만으로 아동학대는 근본적으로 방지될 수 있는 것인가? 아동학대를 구타나 성폭행 같은 물리적 측면뿐 아니라 아동의 정서적 박탈과 부모의 정서 교육 태만까지 포함해서 넓게 볼 때 부부간의 불화로만 아동학대의 직접적 원인을 찾을 수 있는 것은 아니다. 유치원이나 학교에서 오자마자 피아노학원, 글짓기학원, 태권도학원을 전전하는 아이들의 바쁜 걸음은 놀이를 통해 스스로를 익혀가는 아이가 아니라 언제나 부모와 어른의 시각 속에서만 존재하는 아이들이다. 아동으로서의 존재를 박탈당한 아이들이 있는 한, 언제나 이 아이들이 정상적인 보통의 부모와 어른들에 의해서 학대받을 가능성은 남아 있는 것이 아닐까?

여덟 번째 이야기 한국의 노인 문제

나잇값을 벌어야 하는 노인들

"나이를 먹었으면 나잇값을 해야지! 재수 더럽게 없네. 야, 가자!"
"아니 이 망할 놈들아 니놈들은 애비에미도 없냐!"
"아이구 늙으면 죽어야재 이런 창피한 일이 어디 있노!"

고희는 족히 넘기신 것으로 보이는 할머니 한 분이 부지깽이를 들고선 채 망연자실해 있다. 그러나 할머니의 분노를 뒤로하고 그 젊은 패거리들은 흰색 그랜저를 타고 골목길을 휭하니 지나쳤다. 중지를 쳐드는 웬 이상한 손가락질을 하면서. 군데군데 몇몇 사람들이 발걸음을 늦추면서 힐끗 그냥들 쳐다보고 있었다. 차 안으로 얼핏 보이는 그 젊은이들은 갓

고등학교를 졸업한 듯한 나이였다. 이것이 내가 본 장면의 전부였다. 어처구니없다는 생각에 자초지종이 무엇인지 의문조차 들지 않았다.

'싸가지가 바가지만도 못한 놈들. 정말 아수라들만 우글거리는 무서운 세상이야. 하긴 요즘 세상에 젊은이들한테 저 정도 수난당한 거야 다행으로 생각해야 할지도 모를 일이지. 부산 어디서는 친구들과 싸움하다 얻어맞고는 화풀이로 멀쩡히 길 가던 할머니를 때려죽인 일까지 있었으니, 욕먹은 그 할머니 불행 중 다행이지. 그 젊은 놈들도 보는 사람 없었으면 족히 그 할머니 패고도 남을 놈들이야.' 주위에서 숱하게 접하는 이런 일들을 보고 있노라면 이제 수난당하는 노인들 문제를 세대차로 돌리기에는 너무 안일하다는 생각이 든다.

수난당하는 노년

노인들이 자기보다도 어린것들에게 수난당하고 유무형으로 해를 입을 때 그 반응은 크게 두 가지로 나타나는 듯하다. 한 부류는 세상의 변화에 수긍하고 순응하는 노인분들이다. 그래서 그냥 젊은이들에게 잘 보이는 것이 말년을 편히 보내는 유일한 대안이다. 지하철에서 껌을 파는 한 할머니가 껌 하나 사주는 주부 앞에서 "고맙습니다, 은혜 잊지 않겠습니다. 집안에 행복과 건강이 깃드십시오." 하며 연방 고개를 숙여 고마움을 표하는 모습을 보고 있으면 그냥 삶에 회의가 오는 느낌을 지울 수가 없다.

그러나 변하는 세상을 참지 못하고 성내는 노인들도 많다. 버스 안에서 눈감고 졸고 있는 젊은 사람더러 "이봐 젊은이, 자네는 예절도 없어. 여기는 경로석이라고 쓰여 있잖아. 에이 버르장머리 없는 것들 같으니라고. 어디서 자는 척을 하는 거야. 요즘 것들이란" 하며 그 젊은이에게, 아니 세상에다 욕설을 퍼부어 대는 노인들을 이따금 본다. 버스 안의 분위기는 삽시간에 서먹해지고 자리에서 일어난 그 젊은이는 다음 정류장에서 황급히 내려 버린다. 정말 졸았는지 아닌지는 모르지만 여하튼 그 젊은이는 버스 안 사람들에게는 자리를 비켜주기 싫어 졸고 있던 못된 젊은이가 되고 말았다. 이 정도면 노인과 젊은이의 세대차이가 아니라 세대대립이라고 해야 하지 않을까? 노인들에게 모든 젊은이는 이제 배은망덕해지고 젊은 사람들에게 노인들은 모두 노망든 사람처럼 되어가고 있는 판국이다. 그러나 세대대립이 일어난다고 해도 노인이 나이로 밀어붙일 만한 힘은 어디에도 없어 보인다. 이 사회에서 역시 노인은 약자일 수밖에 없다. 그래서 노인은 꽤 많은 젊은 사람에게 이용대상이 되고 만다. 약간의 친절에도 쉽게 사람에게 의지하고 마는 우리 노인들. 그 약한 마음을 사기의 목표로 삼아 한몫 톡톡히 잡는 젊은 사람들에게 노인들은 속수무책이다. 40세가량의 모 여인은 노인 심리를 이용해서 사기 처먹는 노인전문 사기범이다. 그 아줌마는 동네 양로원 같은데 들러 혹시 이민 간 자식이 있는 노인이 있는지를 수소문해 보고, 그리고는 그 노인에게 접근한다. 그래서 "저는 미국에 있는 당신 자식과 같은 동네에서 아주 친하게 지낸 사인데요." 하면서 말을 꺼내고 믿을만한 이야기들을 이것저것하고 난 뒤에 함께 기도도 하면서 노인에게 자신이 정말 당신 자식의 친구임을 믿음으로 전한다. 그리고는 "미국에서 따님이 저에게 큰돈을 부쳐왔는데 통장과 도장, 비밀번호를 알려주면 통장으로 찾아오겠다."라고 하면서 그 할머니가 모아둔 통장을 갖고 은행에서 돈을 인출한 뒤에 감쪽같이 사라지는 수법을 쓴다. 한동안 그 할머니는 자식들의 효도에 감복하며 사기당한 줄도 모른 체 마냥 흐뭇함에 가슴이 저릴 뿐이다. 또 노인들은 심적으로 나약해진 상태여서 종교에 의지하는 경향이 높다. 그래서 말년을 종교에 귀의하여 그나마 행복 속에서 보낼 수 있는 공간을 마련한다. 그러나 이런 노인의 심리를 이용해 사이비 종교를 만들어 노인들이 평생 꼬깃꼬깃 모은 돈을 깡그리 교주가 주머니에 차고 달아나는 경우도 많다.

노인들이 이런 수모 속에서 살다 보니 자살이 많다. 죽음을 앞둔 사람들이 자살하는 것이 뭐 그리 큰 문제인가라고 되묻는 사람들도 있을지 모르겠다. 하긴 청소년 자살은 사회적인 문제가 되지만 노인자살은 별 이야기가 없는 이유도 다 노인에 대한 그러한 선입견 때문일 것이다. 그러나 서구도 그렇거니와 자살의 통계를 보면 실제로 노인층이 차지하는 자살비율이 거의 과반수에 육박한다. 노인들은 소극적인 방식으로 자살을 많이 한다. 이른바 식음을 전폐하고 시름시름 굶다 죽기도 하고, 아파도 병원에 가지 않고 그냥 죽어버리겠다는 심정을 가진 소극적 자살이 많다.

우리나라는 서구에 비해 노인들의 상대적 좌절감이 훨씬 더 클 것이라고 짐작하는 것은 그리 어렵지 않다. 노인분들은 노인존중과 노인 천대를 한 일생 속에서 함께 맛보고 있기 때문이다. 만약 노인들의 소극적 자살까지 포함시켜 본다면 우리나라 노인 자살은 엄청나게 높은 비율을 차지할게 틀림없다. 자살로 생을 마감하는 노인들에게 일생의 가치는 무의미해진다. 좌절하는 노인이 많을수록 모두가 노인이 될 살아 있는 사람들은 의미 없는 삶을 살고 있다고 할 수 있다. 동방예의지국에 나이는 경륜이었고, 부자유친과 장유유서의 전통이 유유히 흐르는 효도의 나라 한국에서 지금 노인들은 외롭고, 굶주리고, 욕먹고, 사기당하고, 그리고 자살하고 있다.

신 고려장 시대의 도래

지금의 한국에서 노인이 천시받게 된 원인은 무엇인가. 돈밖에 모르는 자본주의 때문인가? 아니면 자기밖에 모르는 핵가족 때문인가? 아니면 노인은 관심 없는 사회복지 때문인가? 이게 다 맞는다면 가장 근본원인은 무엇인가.

농사짓는 봉건시대 때야 노인들은 농사일을 도울 수 있었고 또 농토를 상속할 권리를 갖고 있기도 했다. 그리고 축적된 농사지식을 체계화시켜서 전수할 수 없었기 때문에 노인이 가지고 있던 자연을 보는 지혜가 큰 경륜으로 통했었다. 여기에다 예를 받드는 유교의식이 노인에 대한 존경을 강조해 왔다. 한국의 전통 속에서 노인은 당연히 존중받는 세태였다.

그러나 자본주의 태동은 애초부터 노인 천대를 암시하고 있었다. 자본주의는 심한 육체노동을 강요했다. 하루 종일 공장 안에서 뼈 빠지게 일해야했다. 노인들의 약해 빠진 근육이 천대받는 것은 당연했다. 또 축적된 지식을 전달하는 다양한 과학기술 때문에 노인들의 경륜은 쓸모없어져 버리고 만다. 특히 과학기술의 혁신은 새로운 아이디어와 창조적 감각을 원하지 노련한 경험을 원하지는 않는다. 그 탓에 기업에서 노인들은 발붙일 공간이 없다. 기껏해야 청소나 용역을 받아 임시로 탈 숙련 주변직종에서 그나마 시간제로 일하는 경우가 있지만 그 일도 한정되어 있다. 기업에서 은퇴는 당연한 것이고 때로는 조기 퇴직도 해야 한다. 일하지 않으면 쉬 늙어버린다. 그래서 조기 노인으로 들어서는 사람들도 많다. 기업에 소속되어 있을 때도 마찬가지다. 나이 들어가는 대로 직급과 봉급을 올려주던 연공서열 제도에서 성취도에 따라 보수를 주는 능력급 제도로 이행하면서 젊은 사람들이 더 많은 월급을 타 간다. 나이 들어가는 것이 곧 기업 내에서도 퇴물이 되어 간다는 것을 뜻한다. 자본주의 사회에서 늙는 것은 유죄다.

이런 자본주의의 천박한 관념에다 우리나라 젊은이의 노인 멸시 가치관이 덧붙여진다. 지금 젊은이들이 겪고 있는 고통스러운 삶은 기성세대와 노인세대에 대한 불만으로 향해 간다. "우리에게 이런 힘든 현실을 물려준 기성세대와 노인세대들은 뭐가 그리 잘 나서 대접받으려고 하나요? 우리가 입시다 실업이다 고생하는 것이 다 우리 부모나 할아버지 세대가 만들어 놓은 것들 아니에요?" 젊은 아이들이 노인들을 우습게 보는 데에도 다 핑계는 있었다. 위선과 아집에 꽉 찬 기성세대를 보는 눈 속에 노인들의 쭈그러진 피부는 젊은이들에게 가장 무시하고 좋은 대상으로 쉽게 떠오르는 것이다.

전통은 한나라의 지주를 떠받치는 중요한 주춧돌이 된다. [지붕 위의 바이올린]이란 영화에 이런 대사가 나온다. "한 사회를 떠받드는 것이 뭔지 아세요? 바로 전통이랍니다." 1905년 러시아 혁명을 앞둔 우크라이나 지방의 유대인 마을(아나테브카)에서 우유 가공업으로 생계를 꾸려가는 한 가족사를 통해 '전통'에 대한 이야기를 전해 주는 이 영화에서 지붕 위의 바이올린은 '전통'을 상징한다. 지붕 위의 바이올린은 위태로워 보인다. 지붕 위에서 균형을 잡고 바이올린을 연주할 수 있을까. 하지만 지붕 위에서 바이올린을 켜는 전통은 그 당시에 위태롭지 않았다. 그러나 세월은? 지붕 위의 바이올린을 위태롭게 만들어간다. 가족이 해체되고 삶의 터전이 바뀌어 가는 것이다. 전통의 붕괴로 소박한 삶은 무너지기 시작한다. 전통은 터부가 되고 사람들은 전통을 비판하면서 말로만 전통을 찾는다. 전통이 무너지면 지붕 위의 바이올린도 떨어지게 될 것이다.

지금 한국의 노인들도 '늙은이'로서 존중받고 싶은 생각이 있었다면 정말 전통을 귀하게 여겼어야 했다. 전통을 귀중하게 잘 보전하려는 노력을 기울이기는커녕 그저 '돈, 돈' 하며 살아온 우리 기성세대와 노인들. 그들이 되뇌었던 '그깟 전통이 밥 먹여 주냐?' 하는 의식구조는 오늘날 노인을 멸시하는 풍조를 만든 자업자득일 법도 하다. 그러나 이런 설명을 정당화하면 노인 멸시 풍조는 악순환처럼 계속되고 만다. 지금의 젊은이들도 노인이 되면 멸시받을 게 뻔하다.

노인 문제는 어떻게 해결하여야 하는가

노인이 겪는 고통의 가장 큰 특징은 개인적이라는 것이다. 늙고, 병들고 죽음에 대한 두려움은 그 누구도 대신해 줄 수 없다. 그래서 노인 문제를 노인 자신의 바깥에서 원인을 찾고 치유책을 찾는 것은 근본적인 한계가 있다. 이런 이유 때문에 때때로 노인 문제를 가장 적절히 치유할 수 있는 것은 종교밖에 없다고 말하는 사람도 있다. 개인이 겪는 그런 실존적 한계상황은 종교에 의해서만 치유되거나 또는 잊힐 수 있기 때문이다. 물론 틀린 말은 아니다. 그러나 문제는 자칫 이런 접근들이 노인이 느끼는 개인적인 고통의 속성을 확대하여 다른 외부적 처방까지 막아버리는 위험성을 가져온다는 데 있다. 노인 문제에 대한 외부적 처방의 실체를 인정하고, 그 뒤에 외부적 처방에 대한 올바른 판단이 선행되는 것이 필요한 것이다.

흔히들 우리나라 노인 문제는 우리나라 가족제도의 문제에서 기인한다고들 한다. 확대가족에서 핵가족화되면서 가계는 자식들이 이끌어간다. 늙은 부모는 생계비를 축내는 경제적 부양가족에 지나지 않는다. 먹고 살아야 하고, 집도 마련해야 하고, 자동차도 사야 할 사람들에게 부모에게 무작정 들어가는 돈은 생돈 날리는 꼴이다. 그래서 이들은 부모와 함께 살기를 꺼리고 심지어는 거동하지 못하는 노부모를 길거리에 내다 버리기까지 한다. 몹쓸 사람들이다. 좀 힘들더라도 의지할 곳 없는 부모를 봉양하는 미덕이 아쉽기만 하다.

그렇지만 부모를 모신다고 해도 모두 같은 것은 아니다. 부모를 버리는 사회적인 문제가 가정으로 침투하지 말라는 법은 없다. 물론 정도의 차이는 있다. 요즘 맞벌이 부부들은 부모와 오히려 동거하기를 원한다는 조사보고도 있다. '거참 기특한 것들' 하는 생각이 드는 찰나에 곧바로 '아니 이런 얌체 같은 것들' 이란 소리가 절로 나온다. 왜냐하면 부모와 동거하기를 원하는 이유가 주로 가사일 때문이란다. 청소하랴, 애 보랴, 늙은 몸을 끌고 가사노동에 동원되어 힘든 일을 해도 자식 위한다는 생각에 참아보지만 섭섭하기는 바깥에서 겪는 수모와 별반 차이가 없다. 사회적으로 약자인 노인들이 가정 내에서도 약자로 전락해 버린 것이다. 그래서 이제는 누군가가 가족제도나 가족형태를 바꿈으로써 노인문제를 해결할 수 있다고 말한다면 이것은 누군가의 책임회피에서 나온 해결책임을 짐작하는 것은 그리 어렵지 않다.

노인에게 일부다처제를?

좀 양보하여 그나마 자식들과 함께 생활하는 노인들이야 자식보고 손자 보면서 정서적으로 안정되고 외로움을 덜 느낀다손 치자. 그러나 노인들 가운데 많은 수는 자식이 죽고 배우자도 죽은 무의탁 노인들인 경우가 많다. 집도 절도 없는 사람들이 그들이다. 이들에게는 가족이 없는데 어떻게 가족제도를 복원할 수 있단 말인가? 또 자식이 있는 노인이라고 하더라도 말상대가 없고 말년을 공유할 사람이 없는 것은 마찬가지다. 서구의 몇몇 노인학자들은 이런 노인의 특성 때문에 노인에게는 일부다처제를 인정하고 장려하자고 주장하기도 한다. (그 대표적은 주창자로 빅터 케셀 Victor Kessel 같은 학자가 있다). 노인들이 외롭게 사느니 새롭게 가정을 만들어 서로 대화도 하고 성생활도 보장할 수 있게 하자는 것이다. 노인들끼리 새로 결합을 시키려고 보니 노인들은 여자들이 대부분이고, 그래서 일부다처제를 장려하자는 주장이 생겨난 것이다.

그러나 노인에게 일부다처제가 인정된다면 돈 많은 노인네만 쾌재를 부르며 신나는 말년을 보낼 것이고, 나머지 노인들은 모두 풀죽어 사는 수밖에 없다. 물론 돈 많고 욕심 있는 남자 노인들이야 자기보다 젊은 여자와 결혼하려 할 것이다. 그렇게 되면 많은 젊은 남자들이 오래 살고, 또 돈만 벌어 멋진 말년을 보내려고 혈안이 되는 것이 인생 최고의 목표가 될지 모른다. 반면에 많은 노인이 과거에 대한 죄책감 때문에 추억에 젖어 사는 자유까지 박탈당할지 모를 일이다. 노인들 끼리 동거나 주거공유를 통해 서로 의사소통의 기회를 여는 것은 그야말로 좋은 일이다. 그렇지만 일부다처제를 공식화하는 것은 한국 사람의 생활과는 너무 동떨어진 공상가의 아이디어로 그쳐야 하지 않을까.

실제로 노인 문제를 일부다처제로 해결해야 한다는 생각은 노인 문제를 가족적 차원에서 해결해야 한다는 강박관념에서 나온 결과물일 뿐이다. 노인 문제는 이제 더는 가족문제일 수 없다. 그래서도 안 된다. 이제 노인 문제는 가족 영역에서 사회적인 영역으로 끌어내야 한다. 그러나 우리나라는 특히나 유교적 사고방식까지 겹쳐서 가족차원에서 해결되지 않는 현재의 노인 문제를 사회 밖으로 끌어낼 생각이 없다. 노인 문제를 사회적으로 해결하는 것은 전 국민을 불효자로 만드는 것이 아닌가 하는 염치없는 염려만을 조성하는 것이 요즈음 현실이다. 그 염치로 아파하는 것은 결국 노인들뿐인데도.

점점 힘이 세지는 노인들

한국의 65세 이상 노인인구 비중은 2000년 전체 인구의 7%를 넘어

고령화 사회에 진입했고. 2018년 14%에 달해 고령 사회가 될 것으로 관측된다. 2026년에는 20%를 넘어 초고령사회에 도달할 전망이다. 이제 노인들은 단순히 그 비율로만 따져보더라도 사회의 엄연한 큰 부분을 차지하고 있다. 그만큼 사회적인 역할도 커지고 있다. 미래의 고용이나 정치에서 노인들이 차지하는 역할은 점점 방대해지고 있다. 이미 노인 인구는 시간제 노동인구에 대거 참여하고 있다. 미래 정치에서도 노인들은 커다란 사회적 세력이 될 것이다. 물론 연령집단과 정치적 투표성향과는 별 관련이 없다는 보고도 있지만 앞으로 노인들은 미래 정치에서 중요한 역할을 하게 될 충분한 이유가 있다. 예를 들어 사회보장과 연금체계 같은 문제는 궁극적으로 정치적인 문제이다. 그리고 점차 교육받은 노인이 많아지게 되면 노인들의 사회적 지위를 위해 노인들 스스로가 정치에 더욱 개입하게 될 것이다. 그래서 앞으로의 노인들은 늙었다고 무시당해도 목석처럼 앉아 있지만은 않을 것이다

이러한 전망에도 불구하고 우리나라의 현재 노인 정책은 전반적으로 미진하다. 노인복지는 아예 전무하다고 봐도 무방하다. 1993년부터는 노인 복지법을 개정하여 개인이나 민간 기업이 노인주거산업에 참여할 수 있도록 허용하는 수준 정도에 와 있다. 이른바 실버산업의 규제를 풀어주는 것이 정부가 해내고 있는 현 노인 복지사업의 중추이다.

절대 빈곤 노인이 25%를 넘는 우리나라 노인층을 두고 과연 돈 내고 복지혜택을 받을 수 있게 하는 이런 노인 복지 정책이 얼마나 효과가 있을지는 의문이다. 늙어서 아픈 건 당연하다고 건강보험혜택도 그리 많지 않다. 양로원은 늘 추운 마룻바닥에 가난한 동네 노인들이 모이는 곳일 뿐, 노인대학에나 가야 제대로 된 여가 생활을 즐긴다. 배차시간에

쫓긴다고 힘들게 버스 뒤까지 걸어온 할머니를 내팽개치고 출발하는 버스 앞에서 노인복지를 말하는 것은 어불성설 같기도 하다. 힘든 역사를 살아온 우리 선조들이 송두리째 무시당하고 있는 것 같아 우울할 따름이다.

물론 정상에서 품위 있게 또는 노망기 있게 말년을 보내는 노인 '분'들도 많지만 대부분의 우리 노인들은 자식사랑에 일생을 바치고 지금은 아무것도 가진 것 없이 쓸쓸하게 살아가는 분들이다. 그래서 자그마한 정성에도 크게 감동하신다. 서울 간 자식이 부쳐온 조그마한 속내의 소포에 우리 노부모들은 그저 좋아하실 뿐이다. 곧바로 전화통에 대고는 "얘야, 이 빤스는 읍내 나갈 때만 입을란다" 하신다. 그런 자그마한 정성과 노력이 단지 한 개인의 효성만이 아니라 사회단체나 국가에 의해서도 제공된다면 많은 노인이 스스로의 인생을 의미 있게 마무리할 수 있을 것이다.

아홉 번째 이야기 한국의 교육문제

'한국병'의 기원을 찾아서

한국 사회 최대의 교육 문제는 역시 입시문제일 것이다. 날이 갈수록 고학력화하고 있는 우리 사회에서 대학에 진학하는 것으로 사람 대접받고 생계까지 보장받고자 하는 경향은 이제 되돌릴 수 없는 대세를 이루고 있는 듯하다. 그나마 지금은 사정이 좀 나아져 대학응시자 중 과반수가 입시의 관문을 통과할 수 있지만, 나머지는 여전히 들러리 교육을 받고 있다. 예컨대 60%의 대학진학자를 위해 40%의 학생들이 자신의 미래와는 무관한 입시교육을 받고 있는 것이다. 이러한 입시문제를 해결하기 위해 국가와 국민이 수십 년 동안 무던히도 고민해왔지만 여전히 답보상태이다. 수없이 뒤바뀐 입시제도에서도 입시지옥은 사라지지 않았고, 오히려 입시제도가 자주 바뀌는 바람에 학생들만 피해자가 되고 말았다. 과연 해결책은 없는 것인가?

대학 졸업장이 미래를 결정한다

왜 우리 교육은 이런 악순환에 빠져 있을까? 그것은 '교육 외부'의 사회적 문제와 '교육 내부'의 학교교육 문제가 서로 맞물려 있기 때문이다. 우리 사회는 인맥사회이다. 특권과 지위가 조금이라도 있는 분야에서는 인맥이 인생의 성공과 성취의 반 이상을 좌우한다. 한 연구에 의하면, 우리 사회에서 한 개인의 연줄망 크기는 교육수준과 경제적 수준에 따라 커다란 차이를 나타낸다고 한다. 흔히 인맥이라고 표현하는 연줄망은 자신이 관계를 맺고 있는 사람 또는 관계의 수로서, 자신과 관계하여 적어도 하나의 특정 기능을 수행하고 있는 사람의 수를 가리킨다. 연줄망이 크다는 것은 접촉하는 사람이 많고 그만큼 연줄의 현재적 또는 잠재적 능력이 크다는 뜻이다. 우리 사회에서는 교육과 경제수준에서 상층이 중층 이하보다 연줄망의 크기가 상대적으로 크다. 특히 교육수준이 대학 이상인 층은 고등학교 이하인 층에 비해서 관계를 맺고 있는 수가 4.4개가 더 많다.

그리고 교육수준에 따라 경제적 수준이 결정되기 때문에 중상층 이상의 교육열은 대단하다. 학력에 따라 지위를 부여하는 사회적 인식 때문에 중산층은 계층상승을 위해서, 그리고 최상층이라도 사회적 지위를 유지하기 위해서 자식과 자신의 학력수준에 집착한다. 그리고 그 학력 집착의 배후에는 우리 사회의 정치 경제를 이끄는 자산인 인맥의 획득이 있다.

　이렇듯 교육을 통해 인맥을 형성함으로써 지위획득뿐만 아니라 지위 유지까지 보장되는 바에야 교육에의 집착은 당연할 수밖에 없다. 고등교육의 수요는 무궁무진하다. 이 때문에 교육 내부에는 경쟁과 노력이 없다. 대학교육은 무성의하게 이루어지고, 사업장에서는 입사한 사원을 재교육시키는 부담을 지게 된다. 대학교육이 사회경제적으로 필요한 인력의 배출이라는 역할을 효과적으로 해내지 못함으로써 국가 전체의 경쟁력이 상실되고 있는 것이다. 결국 공정한 경쟁과 능력별 배분 원칙으로 인맥 및 학력 간 차별요소를 모두 없애는 것만이 지금의 왜곡된 교육시장을 치유할 수 있는 궁극적인 처방이 될 것이다. 그리고 그 첫 단계로서 이런저런 불리한 조건들 때문에 능력대로 공정하게 대우받지 못하는 사람들에게 대학입학에 있어서 특혜를 줄 필요도 있다. 현재의 농어촌지역 주민에 대한 특혜의 확대와 소외계층인 장애인과 여성 소년 소녀 가장 등에 대한 할당제도 국가적인 사업으로 추진되어야 할 것이다.

교육의 획일화 추구

　우리나라 교육문제의 핵심 가운데 하나는 여전히 획일화의 추구이다. 똑같은 교복, 똑같은 교과 과정, 그리고 똑같은 생각의 강요. 개성과 다양성을 추구하는 현대사회의 분위기 속에서 유독 획일화의 첨단을 걷고 있는 교육 현실에 대해 아이들이 퍼트린 모자와 바지의 유행은 어쩌면 사회 속에서 퇴보해가는 우리 교육 현실에 대한 반항의 표현일 수 있다. 왜 우리나라 교육은 이렇게 획기적인 교육방식을 택할 수밖에 없는가? 획일화시키면 일단은 감시하기가 편하다. 교복을 입혀놓으면 어느 학교 학생임이 드러나기 때문에 일단은 학생의 신분이 다른 사람들에게 노출되기 쉽다. 그래서 많은 학생을 통솔해야 하는 선생님들 입장에서는 아이들 얼굴 하나하나를 알기 어려울 바에야 똑같은 교복을 입혀 놓으면 통제하기가 훨씬 수월하다. 교과 과정도 마찬가지다. 수십 명이 득실거리는 교실에서 토론식 수업을 했다가는 엉망이 되고 만다. 한 학생의 의견을 존중해주면서 수업을 한다는 것은 다른 학생들의 불만을 사기가 쉽다. 당장에 "선생님 진도 안 나가요?", "저 선생은 실력이 형편없군." 하는 원성이 어디선가 들려온다. 학생들 생각을 스스로 잘 정리하도록 도와주는 선생님은 나쁜 선생이 되고 학생들에게 많은 정보를 쉽게 전달해주는 선생님이 우대받는다. 수업에서는 선생님만이 유일한 주체이다. 선생님의 수업내용을 잘 받아들인 학생은 좋은 점수를, 그렇지 못한 학생은 열등한 점수를 받게 된다. 이 마당에 무슨 개성존중이 필요한가. 단지 진도를 잘 따라가는 학생과 뒤처지는 학생 사이에 일직선적 서열만이 매겨질 뿐이다.

벼락치기의 사회적 배경

한편으로는 학원과 기타 교육 수단으로 인해 수동적인 학습태도가 정착된 점에서도 원인을 찾을 수 있다. 그 대표적인 예가 벼락치기이다. 학생이 공부해야 하는 내용은 이미 주어져 있다. 중간고사다 기말고사다 하는 것들이 모두 그 범위가 정해져 있다. 그래서 대부분의 학생은 벼락치기란 것을 한다. 미리 공부해 두면 다 까먹는 '기타과목'들을 애써 평소에 한다는 것은 바보짓이다. 벼락치기를 할 때 학생들은 고도로 과학적이 된다. 몇 시부터 몇 시까지 무슨 과목 그리고 잠은 얼마나 잘 것인가 등, 스스로 자신의 행동을 잘 통제하는 다양한 계획들을 세워 실천한다. 또 선생님들 입장에서도 그 많은 학생을 평소에 평가한다는 것은 불가능하기 때문에, 이런 기간을 정해서 지면으로 평가해야 하는 것은 어쩔 수 없다.

벼락치기에 익숙해져 있어서 그런지 우리나라 사람들은 사회에 나가서도 일을 몰아쳐 하기를 좋아한다. 평소에는 느긋하다가도 마감 시간이 다가오면 그제야 눈에 불을 켜 가며 밤잠 안 자고 일에 빠져버린다. 물론 이런 벼락치기가 잘 써 먹히는 직종들이 많다. 주문날짜에 대기 위해서 밤새워 일해야 하는 공장, 노는 꼴 못 보는 상사로부터 며칠까지 기획서 제출하라고 독촉당하는 사무실 등등, 눈에 보이는 생산성을 달성하는 직종에서 중고등학교 때의 벼락치기 공부습관은 큰 힘이 되었다. 그렇지만 한나라의 경제구조가 그렇게 가만히 유지되지는 않는다.

우리나라의 1960~1970년대 고도 성장기에는 중화학 공업을 중추로 한 생산성 향상에 전력을 기울인 때였다. 그때 써먹었던 획일화 된 교육 방식과 벼락치기식 공부 방법은 이러한 고도성장 전략과 서로 잘 어울릴 수 있었다. 그러나 지금 사정은 많이 달라졌다. 사회에서도 창조적인 방식의 직종이 많이 생겨났고, 이 창조적인 부분이 경제의 경쟁력을 좌우하는 중추로 떠올랐다. 광고, 대중매체 등 문화산업과 스포츠, 레저 등의 여가산업, 금융, 사회 서비스 등의 서비스 산업뿐만 아니라, 제조업에서도 과학기술 혁신이 제조업 경쟁력을 이끌어가는 핵심 산업이 되었다. 획일화를 통해 시간에 대는 생산성을 추구하기보다는, 창조적 사고력과 축적된 지식을 잘 이용하는 응용력이 산업의 생산성 혁신에 필수가 되었다.

이렇듯 산업양식은 변화해 갔는데 교육은 어떻게 적응해 갔는가. 물론 사람들의 지식이 더욱 많이 필요해진 산업구조를 따라 교육연한도 증가해갔다. 우리나라 대학교육 진학률이 가위 세계적이라는 것은 모두 다 인정하고 있는 터이다. 그런데 이상한 것은 이렇게 고등교육을 받은 사람들을 회사에서는 못마땅해한다. 신입사원을 받아들인 회사들은 그들을 새로운 회사에 맞는 인간으로 훈련시켜야 한다고 불평한다. 예절교육부터 시작해서 작업현장과 사무현장에서 일 하나하나를 처음부터 가르친다. "도대체 대학에서는 뭘 가르치는 거야, 할 줄 아는 것이 하나도 없잖아!" 하는 회사간부들의 항변에 갓 들어온 신입사원이 변명할 단어들은 그리 많지 않다. 사실이니까.

한국은 세계에서도 알아주는 교육열 강대국이다. 그 높은 교육열에도 불구하고 왜 한국의 교육은 퇴보하고 있는 것일까. 한국은 유난히 사학의 비중이 높다. 다른 나라와 비교해 봤을 때 정부지원도 거의 없는 상태다. 그래서 기업이나 재력가들이 학교 운영에 거의 직접적으로 관여하기가 쉽다. 그렇다면 오히려 우리나라 교육은 기업의 입김이 가장 잘 먹혀 들어가 기업의 의도대로 교육과정이 시대에 맞게 변형될 가능성이 많다. 그런데도 왜 기업이나 사회의 변화에 교육은 오히려 뒷북만 치고 다니는가? 한국교육이 사회변화를 따라가지 못하는 것이 사실이라면 그 뿌리는 어디에 있을까.

교육 관료제의 엄청난 위력

독일의 사회학자 막스 베버는 현대의 모든 사회 조직은 관료제로 전문화되어 간다고 주장했다. 조직 규모가 대규모화됨에 따라 각 부문이 전문화되고 조직체계도 공식화되어 간다는 것이다. 그 공식화를 통해 위로부터 내려오는 명령이 하부조직에까지 미쳐, 조직이 적절히 통제되고 효율을 극대화하는 것이 관료제의 장점이다. 그래서 대규모 조직이 합리적 성격을 지니게 되는 것이다. 그렇지만 관료제에는 부정적인 측면도 있다. 관료제는 위로부터 내려오는 명령체계에 적합한 조직으로 짜여 있다. 그렇기 때문에 상층부가 외부환경의 변화에 적절히 대응하지 못하면, 조직 자체가 보수화되고 폐쇄적이 되어 외부 적응력과 경쟁력을 잃어버리고 만다. 관료제는 그만큼 상층부가 조직의 효율성에 가장 큰 책임을 지고 있는 셈이다.

우리나라 교육기관이 한국 교육열을 등에 업고 엄청나게 성장했다는 것은 누구도 부인하지 않는다. 여기에 부응하여 교육기관들이 대규모 기업화한 것은 자연스러운 일이었다. 그렇지만 대학기관들이 대규모 조직을 합리적으로 운영하기 위해서 갖추어야 했던 관료제는 제대로 그 효용을 발휘하지 못했다. 대규모화된 대학이나 학원재단을 공식화된 절차에 따라 운영하는 곳은 눈을 씻고 찾아보아도 보이지 않는다. 재단의 친족경영, 인맥운영이 현실이다. 단지 관료제의 형태 가운데 상명하달식의 체제만 갖추어져 있다. 소규모 조직에서 자연스럽게 뿌리 박혀있던 비공식적인 인간관계가 대규모 조직 속에서도 그대로 보존되어 온 것이다. 상층부의 명령이 공식화된 절차나 법을 따르는 것이 아니라 최상층 지도부의 자의적인 명령에 의해 좌우되고 있다.

이러한 과정을 통해 몇몇 알 만한 사람들만 학교운영자로 발탁되었다. 재단-교장-교사로 이어지는 끈에서, 재단-총학장-교수로 계속 이어지는 끈을 붙잡고 있는 것이 한국교육이다. 그래서 직접 학생들을 가르치는 교사나 교수들은 외부환경의 변화가 아니라 내부조직 속의 상관들 언사에 따라 그들의 교육양식을 결정한다. 이미 교육기관의 핵심적인 구성원들에게 학교는 스스로의 권위를 유지시켜 주는 수단일 뿐, 사회적 적응력을 기르는 사회의 한 분야로 인식될 수 없다. 예를 들어 학문의 근친상간(Inbreeding)이라는 교육의 현실을 보면 한국교육의 특징을 잘 파악할 수 있다.

물론 일부에 불과하겠지만, 만약 어떤 학교에 무능하지만 인맥을 통해 교수가 된 사람이 있다고 치자. 그러면 그곳은 이들보다 실력이나 능력이 뛰어난 사람들이 절대로 들어가지 못한다. 실력으로 비교될 때 기존에 있던 교육자들 자신의 위치가 위험해 질 수 있기 때문이다. 그래서 결국 자기 심복이거나 자기보다 열등한 사람들을 받아들여 스스로의 권위를 유지해 나가려 한다. 근친상간은 열등아 출산의 가능성이 높다. 심지어는 기형아 출산의 가능성도 높다고 한다. 이와 똑같이 학문적으로 근친상간을 하면 학문적 열등아만 양산하게 되는 것이다. 우리나라 교육환경이 이미 이러한 비정상적인 관료제 - 공식화된 절차라는 관료제의 좋은 점은 저버리고 상층부의 명령과 의도만이 관철되는 부정적 측면만 취합한 - 로 자리잡혀 있기 때문에, 사회적 변화에 대응한다는 것은 한계가 있을 수밖에 없다.

여기에다 우리나라 교육재정은 대부분 사학재단에 의존하고 있다. 그래서 교육재단들은 돈을 벌 생각으로 조금이라도 더 많은 학생을 더 오래 학교에 잡아두고자 한다. 이렇게 되면 표면적으로는 교육연한과 교육비가 늘어날 것이 뻔하다. 그렇지만 배우는 것은 변함없이 장님 코끼리 만지는 식이다. 물론 스스로가 장님이 되어 가고 있다는 것을 알고 있는 학생들도 많지만, 고졸, 대졸, 대학원졸 등의 간판을 따낸다는 생각에 흐뭇할 뿐 교육과정에 그리 큰 관심을 기울일 필요가 없다. 고등학생들에게 "왜 너는 대학에 가려고 하지?" 하고 물어보면 십중팔구는 '좋은 직장'과 '좋은 배우자'를 얻기 위해서라고 답한다. 나머지 학생들은 "남들이 다 가니까" "부모가 원하니까" 등으로 답한다. 대학교육이 이러이러하여 대학을 간다는 학생들은 다들 어디로 갔나. 학벌을 중시하는 풍조는 교육의 형식과 외형만 중요시했을 뿐, 교육 내부의 문제나 교육과정의 내용을 별반 중요치 않게 생각하도록 만들었다. 결국은 이런 분위기가 교육기관 내부의 관료제를 용인해 주었고, 때로는 북돋아 주기까지 한 것이 엄연한 한국교육의 현실이다. 진학에 대한 특별한 목적 없이 지금의 학생들은 계속 고학력화하고 있다. 교육연한이 늘어날수록 피교육자들은 그들이 투자한 돈과 그 많은 세월 때문에 기대만 커갈 뿐 사회적 적응력은 오히려 감퇴한다. '내가 대학까지 나왔는데 어떻게 그런 일을……' 하는 의식 때문에 산업인력난이라는 사회적 문제부터 시작해서, '내가 얼마나 돈 들여 의사가 됐는데……' 하는 본전 생각에 응급실에 실려 온 위급환자를 치료비가 없다고 외면해 버리는 의료비리 문제에 이르기까지 교육은 광범위하나 사회문제의 씨앗을 만들어 왔다.

교육은 시장일 수 있는가

한국의 학교를 시장 상황에 놓고 보면 오히려 한국교육 문제가 의외로 쉽게 이해된다. 교육시장에서 학교기관은 공급자가 되고 수요자는 학생인 셈이다. 수요자를 좀 더 확실하게 표현한다면 학부모 같은 학생의 보호자이다. 시장은 수요에 따라 공급이 변동한다. 또 공급이 달리면 사람들의 선호도가 강해져서 가격이 올라간다. 대학을 가고 싶어 하는 수요는 많은데 대학 수가 적으면 공급이 모자란 것이다. 공급이 일부에 한정되어 있고 수요는 꾸준히 존재하는 시장을 독과점시장이라고 한다. 그러면 현재의 한국 교육시장은 독과점시장인 셈이다. 독과점시장에서는 굳이 공급자 자신이 스스로 변화시킬 이유가 없다. 그냥 해오던 대로 계속해나가면 그뿐이다. 과거의 조직구조를 그대로 유지해도 된다. 경쟁이 없으니까 아무런 상관이 없다. 그냥 내버려둬도 망하는 법이 없다. 학생들은 계속 등록금을 들고 학교로 찾아올 테니까. 독과점 시장의 폐해가 한국교육에 그대로 나타나고 있는 것이다.

그렇다면 해결책은 오히려 간단할 수 있다. 대학을 늘려 버리면 된다. 졸업정원제를 시행해서 대학정원을 늘렸듯이 대학설립을 자유화하거나, 대학정원을 대학에 맡겨 버리거나, 외국 교육기관을 들여오거나 하면 문제는 의외로 쉽게 해결될 수 있다. 공급자가 많아지면 교육기관들끼리 경쟁이 생겨나고 교육의 질도 좋아지며, 어쩌면 등록금 인하 경쟁도 기대해 볼 수 있을지 모를 일이다. 그래서 현실에 잘 적응하고 꾸준히 경쟁력을 키워나가는 대학만이 살아남도록 해야 한다.

그러나 이런 명쾌한 해결책에도 문제는 또다시 파생한다. 그 많아진 대학졸업생들을 어떻게 사회에서 받아들일 수 있을 것인가. 사회의 인력활용은 한정되어 있는데, 무턱대고 교육기관 공급자들만 늘려 놓는다고 교육문제가 해결될 수는 없는 것이다. 대졸 실업자가 사회에서 문제화가 되었듯이 사회의 적절한 인력공급 임무를 교육이 외면할 수는 없다. 특히 교육은 장기간에 걸쳐 이루어지기 때문에, 투입과 산출이 단기간에 이루어지는 생산과는 성격이 다르다. 그래서 시장의 수요와 공급이 정확한 시점을 가지고 변화하지 않는다. 이런 입장에 서면 대학설립이나 정원은 개별 교육공급자가 아니라 국가에 의해 조정되어야 한다. 그러나 국가가 나서서 대학설립 등을 규제하면, 대학이 독과점을 형성하고 있을 때처럼 교육의 질은 오히려 떨어지게 되는 악순환에 빠진다.

결국 교육에서의 시장과 국가조정이라는 악순환을 빠져나오려면 '대학이 아니면 안 돼' 하는 '과잉' 교육열부터 누그러뜨려야 한다. 대학입학 열이 누그러지면 자연히 기존 대학들도 위협을 받고 또 산업인력 조정 등 산업구조와도 조화를 달성할 수 있다. 물론 이런 방법에 대해 우리나라 경제성장은 교육열 때문이었는데, 대학 교육열을 왜 누그러뜨리려 하느냐고 반발하는 사람들도 있다. 이런 사람은 한국의 경제성장이 높은 교육을 받은 잘난 몇 사람이 이룬 것이 아니라, 싸구려 임금에 손발이 부르터 가면서 일한 노동자 대중의 역할 덕택임을 잊고 있는 듯하다.

과잉 입시교육열이 가져온 영향은 의외로 커다란 병폐의 뿌리가 되었다.

입시교육은 성적교육과 서열교육을 강요했다. 공교육의 열악한 환경은 능력이 되는 부모라면 사교육으로 눈길을 돌릴 수밖에 없도록 했다. 역시 돈 있는 학생들이 최후로 살아남는 교육이 되고 있는 것이다. 이기적 상황을 강요하는 교육 현실에서 협동정신을 기대한다는 것은 나무에서 물고기 찾기다. 고등학교를 졸업하고 대학이나 사회에 발을 디디는 학생들이 가장 먼저 갖게 되는 생각은 이것밖에 더 있을까. '역시 돈의 힘은 강하다.'

'신세대 교육헌장'이란 것이 있었다. "우리는 민족중흥의 역사적 사명을 띠고 이 땅에 태어났다. 선배들의 빛나는 성과를 되살려 안으로는 이기주의를 확립하고 밖으로는 배타주의를 내세워……"라는 것으로 시작되는 신세대 교육헌장은 학생 자신의 체험을 과장한 우스갯소리만은 아닐 것이다. 많은 학생을 한 교실에 두고서도 이렇게 개인주의를 확립할 수 있도록 교육한 한국교육을 보면 입시의 위력이 대단한 것임을 실감할 수 있다. 이렇게 교육받은 사람들이 사회에 나가서 일하면 창조적 사고력은 제쳐놓고라도 동료와 협동해야 할 일에서조차 많은 애로를 겪는 것이 사실이다. 어딜 가나 비슷하지만 걸핏하면 직장을 옮긴다. 사람을 잘 믿지도 못한다. 언짢은 일이 있으면 일단 큰소리치고 욕부터 하고 볼 일이다. 입시경쟁에서는 남이 떨어져야 내가 붙는다. 그래서 입시 한 판 치르고 나면 남의 불행이 나의 행복이 되는 것을 실감한다. 이러니 남이 잘되는 꼴을 눈뜨고 보기가 불편하다.

대학입시를 위한 과잉 교육열을 누그러뜨리려면 우선 가장 근본이 되어야 할 것은 대학진학자와 그렇지 못한 사람들 사이의 위계의식을 없애는 일이다. 대학을 간 사람이 가지 않은 사람보다 위에 있다는 사회적

의식은 서로가 필요한 일을 한다는 동등한 분업의식으로 바뀌어야 한다. 그렇게 되려면 사회적으로 대졸자와 비대졸자 사이의 임금차별, 채용차별, 승진차별 등이 우선 없어져야 한다. 국가가 교육정책을 위해 우선 힘써야 할 부분도 바로 이런 사회적인 차별문제이다. 교육의 문제가 교육 바깥에서 해결될 수 있다는 폭넓은 사고가 국가정책에 필요한 것이다. 그리고 국가는 사회적인 차별의 극복을 동시에 교육 안으로도 끌어와서 교육기회의 불평등을 없애야 한다. 이를 위해 국가지원의 폭을 대폭 늘리는 방향이 백 년 앞을 내다보는 교육의 참 길이 될 것이다.

물론 국가가 대졸 실업 문제다, 산업인력난이다 하면서, 이에 대처하기 위해 앞장서서 대학교육 문제와 사람들의 지나친 교육열을 비난하기도 한다. 그러나 언제나 그런 말들이 공허하게만 메아리치는 이유는 무엇인가. 하버드 대학에서 상장 하나 받은 것으로 세상을 다 얻은 듯 떠드는 언론 앞에서 아무리 대학 졸업장이 간판에 불과하다고 말해봤자 그 '휘황찬란한 간판'은 잠시 잊어버리고 있던 학벌 콤플렉스만 되살려 주는 꼴이 되고 만다.

현대사회는 새로운 인재를 필요로 한다

능력에 기초한 배분과 학력 간 차별의 완화, 교육 분위기 조성과 같은 사회적인 해결책 외에도 노력을 기울여야 할 분야가 바로 학교 교육의 내실화이다. 현대사회는 단지 능력 있는 일꾼만 요구하는 것은 아니다. 현대사회의 모든 일은 협력을 필요로 한다. 고립되어 일하고 생산하는 사람은 더 이상 평가를 받지 못한다. 서로 토론하고 협력하는 사람이 사회와 기업에 더욱 기여한다는 것은 이미 기정사실화되었다. 우리의 초등학생들이 국제대회의 수학과 과학 분야에서 세계적인 성적을 낸 지가 몇십 년이 되었는데도 그것이 효과적으로 나타나지 못하는 이유가 여기에 있다. 입시 위주의 경쟁교육으로 인해 이기주의가 뿌리박혀 협력과 신뢰의 교육이 자라날 토양이 없기 때문이다. 우리나라 사람들은 어른이 되어서도 진지한 토론의 자리는 아예 피하거나 아니면 정신없이 자기 이야기만 하는 양극단의 모습을 보인다. 토론을 통해 자기 의견을 수정하고 타인과 협의하기보다는, 상대방을 비판하고 비난하고 자기 견해를 고집하는 태도를 견지한다. 토론과 대화를 통해 발전하는 자신의 모습을 경험하고 확인하는 교육기회를 가져보지 못했기 때문이다.

우리나라 교육의 목표는 바로 전인교육이다. 그러나 지금까지 전인교육은 단지 사회의 예절과 관습을 익히고 인간관계를 돈독히 해간다는 차원에서만 이루어져 왔다. 현대의 전인교육은 그런 기초적인 사회관계를 넘어 전체 사회의 신뢰와 협력을 높임으로써 사회의 효율성을 높이는 사회적 자본이 되었다. 이런 점에서 전인교육에 대한 적극적인 고민과 노력은 우리 사회의 부정적 요소들을 타파할 수 있는 중요한 열쇠로 작용할 것이다.

머리와 가슴이 함께 자라는 교육

'수신제가치국평천하(修身齊家治國平失下)'라고 흔히들 말한다.

기술이나 지식을 배우는 것보다 덕과 지혜를 기르고 닦는 것이 우선한다는 뜻이다. 기술과 실용교육이 압도적인 현대의 교육체제에 비추어본다면 인성교육의 중요성을 일깨워주는 문구이다. 〈삼국지〉가 우리에게 주는 교훈 중 하나도, 제갈량이라는 지장(智將)보다는 유비라는 덕장(德將)이 늘 우위에 있다는 것이다.

이러한 동양의 정신을 잘 받들고 있는 학교가 동양이 아닌 영국의 한 마을에 있다. 영국 중부지방에 있는 아핑검이라는 옛 도시의 아핑검 스쿨이 그곳이다. 오랜 역사를 지닌 아핑검 스쿨에는 큰 자랑거리가 있다. 첫 번째는 이 학교 출신으로 장관이 된 사람이 없다는 것이고, 두 번째는 이 학교 출신으로 100만 달러 이상 돈을 번 사람이 하나도 없다는 것이다. 이러한 것이 자랑이 되고 그것이 계속 지켜졌던 이유는, 이 학교의 교육목표가 사회적 지위보다는 취미를 갖고 인생을 즐겁게 사는 사람을 육성하는 데 있기 때문이다. 이 학교 출신들은 대체로 좋은 아버지, 선량한 시민으로 살아가고 있다고 인정되며, 그런 낙천성의 징표가 이 학교를 나름의 교풍을 지닌 명문으로 만든 것이다.

옛 문헌과 외국 학교의 예를 들지 않더라도, 지식과 덕 중에서 덕을 우위에 놓는 것이 우리네 인지상정이다. 아무리 똑똑하고 잘난 사람이라도, 또 아무리 돈을 많이 번 사람이라도 덕을 갖추지 못하면 훌륭한 사람으로 평가받지 못한다. 지식과 기술은 살아가는 데 필요한 도구일 뿐 한 사람의 인격을 판단하는 기준이 되지는 못하기 때문이다. 이것은 한 사회에서도 마찬가지이다. 세계사를 돌아보면 덕을 갖추지 못한 지식과 기술이 인류 발전에 기여하기보다는 오히려 파괴와 몰락을 몰고 온 예를 쉽게 찾아볼 수 있다.

결국 교육에서 가장 중요한 화두란 지식과 함께 살아가는 지혜를 터 득하게 해주는 것이다. 이 두 가지를 적절히 결합시키는 교육이 바로 참 교육이다. 그러나 이것은 초등학교 때부터 영어회화며 과외학습에 바쁜 우리 아이들의 현실과는 거리가 먼 이야기가 아닐 수 없다. 이 때문에 세계적으로 공부 잘하는 아이들로 알려진 한국 어린이들은 어릴 적부터 경쟁과 질투에 길들어 자그마한 역경과 수치에도 쉽게 좌절한다. 미래 를 열어가는 원대한 꿈과 희망은 자유로운 사고와 다양한 선택의 기회 에서 움터 나온다. 타인에 대한 신뢰 또한 사회에 대한 고민과 성찰에서 시작된다. 그런 만큼 아이들의 상상력과 창조력과 사회성을 개발하는 관건은 사회와 자연과 예술과 도덕 등에 대해 그들 스스로 생각하고 고 민할 기회를 주는 데 있다.

미국 초등학교의 한 교실에 들어가 보자. 교사는 케이크를 만들 밀가 루와 설탕과 계란 등의 재료를 들고 온다. 수업이 시작되면 먼저 밀가루 와 설탕과 계란의 과학과 영양에 대해 슬라이드 교육을 한다. 재료학습 이 끝나면 케이크를 만드는 실습에 들어간다. 이렇게 만든 케이크를 잘 라 학생들에게 공평하게 나누어주고 케이크의 중심각이 몇 도인가 재도 록 한다. 각기 다른 값의 평균치를 내보고 나누어지지 않으면 순환도수 를 도입해 계산해내는 방법을 가르친다. 이어 성서에서 빵의 의미, 장발 장이 빵을 훔친 이야기를 위시한 빵의 문학적 비중, 빵을 둘러싼 사회운 동 등이 설명된다. 이렇게 가르친 뒤 빵을 먹는데, 이때 식사매너와 에 티켓까지 일러준다. 케이크를 만드는 실습을 하면서 과학과 도덕, 윤리 와 사회, 문학과 종교를 동시에 가르치는 것이다. 무엇보다도 그 모든 것 이 함께 이해되고 연상될 수 있는 상상력과 성찰력을 심어준다. 수업을 통해 단순한 지식 이상의 것을 배울 수 있다.

교사 혼자의 힘으로는 부족하다

지와 덕의 적절한 결합을 통한 '주입식 교육'이 초등학교의 바람직한 교육목표라면, 청소년기에는 '인성교육'을 통해 자신의 사고에 기초하여 합리적으로 판단하고 행동할 수 있도록 하는 것이 중요한 교육목표가 되어야 한다. 물론 대학에서도 인성교육이 계속되어야겠지만, 중등교육을 받는 청소년기야말로 인성교육에 있어서 가장 중요한 시기라 할 수 있다.

현재 우리의 학교에서는 민주적 시민을 양성하기 위한 기초과정인 민주적 토론의 기회가 거의 없다. 물론 교육이라는 것이 원래 보수적인 성격을 내포하고 있기 때문에 민주적 토론이 쉽지는 않다. 교육은 교육하는 사람과 교육받는 사람 사이의 관계, 즉 권위와 종속의 관계에서 줄발하기 때문이다. 그러나 교육의 이러한 보수적 성격을 극복하기 위해서라도 민주적 시민을 양성하기 위한 현장 교사들의 열의와 노력이 무엇보다 필요하다.

학교 교육에 민주적인 문화를 정착시키는 것은 아주 작은 일에서부터 시작할 수 있다. 학생의 잘못에 대해서도, 학교 규정에 따라 일방적으로 처벌을 결정하기보다는 학생들에 의해 자율적으로 결정되도록 규제메커니즘을 만드는 것이 중요하다. 학교운영에 학생들의 의견이 반영될 때 스스로 질서를 지키는 시민의식이 함양될 것이기 때문이다. 예컨대,

복장 불량이나 흡연, 지각에 대해서 당사자에게 소명의 기회를 주고, 학급 학생들이 배심원이 되어 판단하는 것이다. 배심원들이 민주적 토론을 벌여 규제의 수준을 정하고, 교사는 그것에 따라 구체적인 규제방법을 정하면 된다. 그러나 이러한 민주적 토론에 의한 진정한 인성교육은 이루어지지 못하고 단지 교과서를 통한 윤리학습만이 이루어지는 것이 우리의 현실이다.

윤리의식을 함양하고 이성의 능력과 힘을 기르기 위해서는 우선 교육프로그램부터 바꾸어야 한다. 지식 중심적 교육이 아니라 인간의 열정과 이성을 함께 아우를 수 있는 새로운 교육프로그램의 실행이 시급하다. 새로운 교육프로그램의 실행이 어렵다면 주위에서 가능한 방법부터 바꾸어 나가야 한다. 예컨대, 윤리 등 인성과목에 단편 문학이나 아니면 최근에 청소년들과 친숙한 '영화'를 교재로 삼을 수도 있을 것이다. 영화나 문학은 인간의 열정과 감성과 이성을 함께 포괄하는 영역이므로, 자연스럽게 사고를 고양시키는 데 도움을 주는 교육프로그램이 될 것이다.

문학과 영화뿐 아니라 자연을 통한 교육도 인성교육에 큰 힘을 발휘한다. "아이들을 자연으로 내보내라. 언덕과 들에서 아이들을 가르쳐라. 그곳에서 아이들은 더욱 좋은 소리를 들을 것이고, 그때 가진 자유의 느낌은 아이들에게 어려움을 극복할 수 있는 힘을 줄 것이다." 요즘 광고에 흔히 등장하는 스위스의 위대한 교육자 페스탈로치의 말이다. 자연은 가장 큰 선생님이다. 그래서 교육자의 역할은 교실에서 가르치는 것보다 아이들이 자연에서 배울 수 있도록 인도하는 것이다.

이러한 페스탈로치의 정신을 그대로 이어받아 실제 생활교육에 응용한 사람이 독일의 교육자 프뢰벨이었다. 그는 자연을 벗 삼는 생활교육을 통해 인간교육의 기초를 확립했다. 그리스에 설립한 그의 학교는 지금까지도 자연과의 대화를 통한 인성교육 커리큘럼을 수행하고 있다. 매주 수요일, 토요일에 아이들에게 자유시간을 주어 생명의 원천이 자연에서 비롯되는 것임을 스스로 깨닫게 하는 것이다. 우리의 교육과정에도 자연 과목이 있는 듯하다. 그러나 교실에서의 자연 공부가 있을 뿐 공식적인 커리큘럼 어디에도 자연과의 대화를 통한 교육프로그램은 찾아보기 힘들다. 최근에 와서는 자연교육을 지향하는 '대안학교'들이 점차 나타나고 있지만, 제도적 뒷받침이 따르지 않아 확산되기에는 역부족인 형편이다. 결국 열악한 교육환경에서 교육의 미래를 교사 개개인의 열의와 의욕에 의존할 수밖에 없는 것이 우리의 안타까운 현실이다.

  인성교육이 제대로 이루어지지 못하는 가장 근본적인 원인은 두말할 필요 없이 입시경쟁에 있다. 일선 교사들이 아무리 많은 노력을 기울여 학생들을 위한 새로운 교육프로그램을 개발한다 해도 치열한 입시경쟁이 그 노력 자체를 무의미하게 만들어버리기 때문이다. 대학입시에서 논술시험과 추천제 입학이 도입되고 있기는 하지만, 무엇보다 교과목 평가를 통한 통합서열식 입시관문이 남아 있는 한 인성교육이 들어설 여지는 없다. 그러므로 이러한 교육문제에 대처하기 위해서는 이제 작은 개혁이 아니라, 우리 사회의 틀과 교육제도 자체의 틀을 바꾸는 혁명적 방법이 필요한 시점에 이른 듯하다.

열 번째 이야기 기독교를 통해 본 한국인의 종교관

한국에서 기독교가 성공한 원인은?

영화 「경마장 가는 길」에서 남자 주인공 역을 맡았던 문성근은 프랑스로 유학 갔다 귀국하면서 "서울의 밤은 마치 공동묘지 같군."이란 말을 내뱉었다. 그만큼 서울은 십자가가 불야성을 이루는 도시로 상징될 수 있을 법하다. 세어보지는 않았지만 교회가 많으면 한 동네에 두세 개는 있을 정도니 그럴 만도 하다. 기독교를 전도한 서구인조차 이런 한국의 모습에 때로는 의아해한다. 아시아권에서 식민지나 강압적 방법이 아닌 평화적인 선교방법으로 기독교가 완전히 뿌리내려 성공한 나라는 유독 한국뿐이기 때문이다. 중국이나 일본은 한국보다 100년 이상 일찍

기독교를 받아들였다. 기독교 수입이 이들 나라보다 100년이나 뒤처진 나라인데도 지금은 한국만이 유일하게 기독교가 성공한 나라로 평가받고 있다. 기독교 선교역사에서 한국은 그야말로 기적과 같은 계시를 받은 나라가 된 셈이다. 이렇듯 한국의 현대 종교는 기독교의 성장과 궤를 같이한다고 해도 과언이 아니다.

한국의 기독교

기독교 선교의 성공적 결과에는 당연히 기독교의 적극적인 선교와 봉사활동이 큰 몫을 한 것은 누구도 부정하지 않는다. 여기에다 암울했던 한국 현대사 속에서 꿋꿋하게 그 종교적 순결함을 민주화 운동으로 승화시켰던 기독교단체들 덕분에 기독교 정신은 그리 큰 거리낌 없이 한국 민중에게 자연스럽게 받아들여졌다고 할 수 있다. 지배계층의 도구로서만 기능하고 민중들의 생활 속에는 형태만 덩그러니 남았던 유교, 산중 불교 지향과 친정권적 성격 때문에 사회적 활동이 부진했던 불교 등, 기존 종교가 민중의 생활기반을 떠나면서 혼란 속에 내버려졌던 한국인의 심성에 기독교의 적극적인 선교활동이 자리를 차지하기 시작했던 것이다.

그러나 이런 현상적인 분석에서 한 단계 더 들어가서 생각해 볼 필요가 있다. 한 나라의 종교가 그렇게 종교단체의 노력에 의해서만 설명될 수는 없기 때문이다. 사실 기독교 단체들은 한국 못지않게 어느 나라에서나 똑같이 적극적인 선교 봉사에서부터 민주화 활동에 이르기까지 광범위한 사회활동을 펼쳐 왔다. 특히 교회의 자립과 자급전도를 주창한 개교회주의가 아시아 지역의 선교방식으로 채택되면서 아시아 지역에서의 전도방식은 거의 같았다고 할 수 있다. 그러나 이렇게 똑같은 선교활동에도 다른 나라에서는 모두 실패했던 기독교 전파가 유독 한국에서만 성공했을까? 이를 위해서는 한국의 역사와 한국인 자체의 심성구조를 다시 파헤쳐 봐야 하지 않을까. 이런 탐구를 위해서 일단 기독교 자체에 대한 선입견을 버리고 역사적이고 사회적인 시각으로 한국에서의 기독교를 바라보자.

    우선은 한국의 식민지 경험이 기독교 전파에 미친 영향을 꼽을 수 있다. 아시아 지역에서 수십 년간 일본의 식민지였던 나라는 한국뿐이었다. 대부분이 서구 열강의 식민지였다. 그러나 종교는 한 나라 국민의 가치관과 생활양식을 지배하고 있는 것이기 때문에 식민지 본국의 종교를 의식하기란 쉬운 일이 아니다. 오히려 국가 대부분에서 전통 종교는 식민 본국에 대항하면서 민중들의 의식 속에 더욱 뿌리내리는 경향까지 생겨났다. 한국도 일본의 지배에 대항해 전통적인 종교가 한몫을 해냈던 것은 엄연한 사실이다. 그러나 이러한 식민지적 상황에서 기독교 단체들이 했던 일들도 만만치 않았다. 특히 거대한 군사력을 업고 있던 서구에 대해 민중들은 일제의 압박에서 벗어날 수 있는 희망을 걸기도 했던 것이 그 당시의 현실이었다. 독립운동 속에서 한 기독교의 역할 그리고 해방을 안겨다 준 수구에 대한 기대가 기독교적 분위기와 쉽게 동화될 수 있는 결정적인 계기로 작용했던 것이다.

    해방 이후부터는 서구의 엄청난 경제력이 국가건설에 직면해 있던 남한 정부나 국민에게는 커다란 매력이었다. 그 뒤 지속된 원조와 차관은 국민에게 서구에 대한 믿음을 심어 주기에 충분했다. 이런 바람을 타고 미국의 선교사들이 한국 민중에게 외친 말들이 설득력이 있는 것은 어쩌면 당연한 결과였을지 모른다. "여러분, 기독교 국가는 모두 부강한 나라입니다. 그러니 여러분도 기독교를 믿으십시오. 그러면 잘살게 됩니다." 그래서 그 당시 기독교는 모든 물질의 풍요를 가져오는 희망이었다.

현대사회에서 물질이 풍요해진다는 것은 곧 과학의 발달을 의미한다. 과학이 발달할수록 기독교와 갈등의 골이 깊어졌던 것이 서구의 역사였다. 지동설과 진화론으로부터 시작해서 첨단 유전공학에 이르기까지 기독교의 종교적 권위를 위협했던 것은 바로 과학적 지식의 발달이었다. 합리적 사고와 종교적 사고와의 대립을 거쳤던 서구에서는 과학발달에 따라 합리적 사고가 우세해지면서 비합리적 생활양식을 강요한 기독교는 쇠퇴일로를 걸었다. 예를 들어 서구에서 이혼은 이미 합리적인 생활 관념 속에 자리 잡고 있지만, 여전히 독일의 교회에서는 이혼이나 피임 등에 대해 일반 민중들과 반대되는 견해를 취하고 있다. 이런 상황에서 기독교가 쇠퇴하고 교회가 텅텅 비는 것은 당연하다. 이미 서구에서는 기독교의 위기라고 할 만큼 기독교에 대한 관심도는 떨어져 있다. 베버가 추측했던 대로 사회가 합리화될수록 종교적 기능이 약화되고, 그에 따라 생활 속에서도 종교의 힘이 약화되는 현상이 서구에서는 이미 일반화되었다. 그러나 다른 한편으로 서구의 기독교 쇠퇴는 종교가 사회를 따라잡지 못하고 뒤처지면서 생기는 어쩔 수 없는 결과였다.

그러나 한국의 역사적 배경은 기독교와 과학 또는 기독교와 사회발전이 서로 갈등을 겪기보다는 오히려 서로 보완되고 조화를 이루도록 했다.

그것은 서구의 발전과 기독교의 전파를 등치시키는 선교기술을 익혔던 미국 선교사의 역할 덕택이었음은 부인할 수 없다. 그 탓에 한국인에게 기독교는 과학적이고 합리적인 선택이라는 선입견이 지금까지 면면히 이어져 오고 있는 것이다.

또한 기독교가 추구했던 교육과 의료사업에 대한 성과도 그냥 지나칠 수 없다. 독립운동 쪽에서 교육의 역할을 강조했던 분위기가 기독교의 적극적인 교육사업과 맞아떨어졌고, 전통적으로 치병의식에 치우쳤던 한국 사람의 주술의식이 기독교의 의료사업에 대한 적극적인 관심으로 전환되었던 측면도 놓쳐서는 안 될 것이다.

기복과 치병 – 한국인 종교의식의 두 바퀴

어떤 대학에 들어가는 인원수가 1,000명이라고 치자. 그리고 수험생 2,000명의 부모가 자식의 대학 합격을 빌며 교회나 절에서 기도 하고 있다고 해 보자. 아무리 전지전능한 하나님이나 부처님이라고 하더라도 2,000명 모두를 대학에 합격시켜 줄 수는 없다. 종교와 현실의 갈림길은 이런 사회적 한계에서부터 시작된다. 신을 믿지 않는 사람이라면 그냥 '그것은 불가능해'라고 기도의 한계를 인정해 버리면 간단하다. 이 사실을 발전시켜 어떤 사람은 신이 없다는 증명을 해내는 데까지도 갈 수 있다.

그럼에도 불구하고 입시 철만 되면 교회나 절은 제철을 맞아 성황을 이룬다. 내 아들, 내 딸이 대학입시에 합격하기를 바라는 마음을 이해하지 못하는 것은 아니지만, 아무리 정성을 쏟아 부어도 반 정도는 떨어질 수밖에 없다. 종교가 기복적인 성격을 띠면 이렇듯 사람의 생각은 비합리적이 되고 만다. 아무리 비합리적이라고 주위에서 외쳐 봐야 내 자식, 내 가족, 나 자신을 위한 일은 합리와 비합리의 논리를 떠나 있다.

이러한 기복적 성격을 한 번 뒤집어서 생각해 보자. 기복적일 수밖에 없는 이유는 경쟁이 심하기 때문이다. 1,000명 입학정원에 1,000명이 시험을 치른다면 교회나 절에서 기도할 이유가 없어진다. 그러면 교회나 절도 한산해질 테고 그러면 한국인의 종교성격이 기복적이라는 말을 들을 이유도 없다. 종교에 대한 관심도 적어질 것이 뻔하다. 이런 논리를 발전시켜 보면 한국인이 기복적인 이유는 단지 경쟁만이 아니라, 다른 많은 '불확정적인 환경'에 의해 지배받고 있기 때문이라는 것을 유추해 낼 수 있다. 합리적 절차가 부족하고 또 비가시적이고 우연적인 요소가 많을수록 눈에 보이지 않는 더 큰 힘에 의존하려는 것이 인간심성이다. 그래서 혹시나 어렵게 보였던 일이 잘 풀리는 경우, 그것은 영락없이 신의 가호를 입은 덕택이다.

불확정적인 삶은 농경사회였던 한국의 과거 역사에 잘 적용된다. 자연에 대한 통제력이 없던 농경사회에서 자연은 하나의 불확정적인 요소였다. 동시에 자연 자체는 거대한 힘을 지니고 인간사회를 지배하는 것이었다. 그래서 자연물을 신적인 존재로 보게 되는 것은 약한 인간에게는 어쩌면 당연한 결과였을 것이다. 한국의 전통적인 무속신도 애초에는 자연신으로 등장했다. 동네마다 그 마을을 지키는 나무가 있다고 생각해서 성황당을 만들기도 했고, 비를 내리는 신이 따로 있다고 생각해서 기우제를 지냈던 것은 우리 주위에 흔히 있었던 자연신의 관념이 반영된 것이었다.

이런 자연물을 신격화하면서 자연을 모두 총괄하는 하나의 신이 있다고 생각하게 되었는데, 그것이 무교(巫敎)에서 제석천(帝釋失)이라고 불리는 '하늘-임'이었다. 이른바 '하늘임' 관념이 무속신앙 속에 완숙한 절대자로 자리 잡힌 것이다. 농경에 의존했던 한국인들이 자연에 대한 외경심으로부터 하늘임 관념을 정교화시켜 나간 것은 인간사고의 자연스러운 발달과정이었다. 이리하여 하늘임 관념은 한국인 기복신앙의 상징이 되어 한국인의 심성 속에 자리 잡히게 된다.

조선 후기의 혼란 속에서 억압받고 숨죽여 살던 민중들은 그들 마음 속에 숨겨 두었던 하늘임을 때때로 미륵신앙과 천도교의 천사 상을 통해 발현시키기도 했지만 일시적일 뿐이었다. 개항 이후 식민지 시대를 거치면서 서구의 기독교가 '여호와 신'을 내세우며 전도를 시작했을 때도 기독교는 일시적으로 끝나 버릴 수 있었다. 그러나 '여호와 신'이 '하나님'으로 칭해지기 시작하면서 '하나님'은 한국인이 전통적 심성 속에 갖고 있던 '하늘임'(하느님)과 뒤섞여 버렸다. 서구적 동경이라는 사회적 배경을 깔고 있기는 했지만, '하늘임'이 '하나님'이라는 기독교적 신으로 대체되는 것이 급격하게 전전 되었던 이유는 바로 하늘임 관념을 품고 있던 한국인의 심성구조와 맞아떨어졌기 때문이었다. 이런 면에서 한국 기독교와 무교는 서로 심한 갈등관계에 있지만, 실제 그 내용 면에서는 한국인의 심성 속에 뿌리박힌 무교적 사고 덕분에 기독교 선교가 그만큼 손쉽게 이루어졌다고 해도 지나친 말이 아닐 것이다.

기독교 선교의 배경에서 짐작할 수 있듯이, 한국에서 기독교가 퍼지는 것을 곧 기독교 정신이 그대로 퍼지는 것으로 받아들이기는 어렵다.

여전히 기독교의 '하나님'은 한국인의 전통 속에 존재하는 기복적 성격의 하늘임 신앙과 뒤섞여 존재하기 때문이다. 이것은 이미 불교에서도 나타났던 현상이었다. 불교가 무교신앙을 받아들여 사찰에 칠성당을 짓고, 스님들이 풍수와 점성술을 행하며, 또 부처님이 기복의 대상으로 변하는 과정에서 민중들에게 불교란 불교와는 상관없는 다른 내용으로 인식되어져 왔다. 이와 비슷하게 기독교도 성경에 기초한 기독교가 아닌, 한국 사람들의 마음속에 존재하는 다양한 신 관념이 그대로 기독교라는 이름으로 투사되었다. 한국인이 기복적인 세계관 속에 불교와 기독교 할 것 없이 모두 왜곡된 채 포섭되어 버린 것이다.

기복적 성격이 기독교의 하나님사상과 잘 맞물렸던 한편, 무속적 신앙이 갖고 있던 치병의식 또한 기독교적 전통과 상통하는 면이 있었다. 무속의 가장 중요한 기능은 치병이었다. 그리고 성경에 예수님의 행로에서도 기적적인 치병을 통해 기독교를 포교하는 모습이 자주 등장한다. 비록 의학이 발달하더라도 인간에게 병이란 없어지지 않는 영원한 고통이다. 인간의 한계일 수밖에 없는 병에 대한 기도는 기도 중에서도 무엇보다 가장 절실하다. 이렇듯 기복은 치병과 뗄 수 없다. 일부 기독교-때로는 이단으로 취급되기도 하지만-는 이러한 치병 술을 통해 상당한 성공을 거두었던 것이 사실이다. 병의 공포에 휩싸여 있던 사람들은 부흥회나 대형집회를 통해 치병을 눈으로 확인했다고 스스로 믿음으로써 치병을 행하는 '성인'을 떠받들고 의지하게 되었던 것이다.

대부분의 신흥종교가 기독교에 대항해서 생겨났지만, 그 대부분이 치병술 같은 기독교적 선교방식을 그대로 따랐던 모습은 한국인의 종교의식이 어떤 상태에 있는지 시사해 주는 바가 크다. 자기를 믿으면 온갖

병이 낫고 죽지 않는다고 행세했던 한 사이비 신흥종교의 교주가 법정에서 했던 말이 걸작이다. "나는 100% 영생한다고 말한 적은 없습니다. 이슬성신을 맞아도 연탄가스를 마시고 교통사고가 나면 죽지 어떻게 삽니까? 신도들이 나를 구세주로 알고 신격화했기 때문에 인간 냄새를 피울 수가 없었습니다."라고 하면서 스스로 '교주'가 아닌 '인간'임을 애써 강변했다. 법정에서까지 전지전능한 교주가 되면 자기 손도 제대로 못 쓰는 수갑 찬 신세가 되어 버릴 테니까.

솔직히 신도 탓으로 오리발을 내밀었던 그 신흥종교 교주의 말이 모두 거짓부렁만은 아닐 것이다. '어쩌다 다른 신흥종교에서 교주 보좌역을 하며 구경만 하고 밥벌이했는데 그 신흥종교가 없어지자 막막해졌다. 그러다 그 교주가 했던 대로 한 번 말해 보았다. 그랬더니 사람들이 자기를 보고 열광하기 시작하는데, 야 이거 정말 대단하구나.' 하고 생각했다는 것은 충분히 이해할 만하다. 이 정도라면 정말 큰 문제는 한국인의 종교심성에 있다고 보아야 하지 않을까.

약해진 종교, 변하는 종교

기독교나 신흥종교가 한국에서 성공을 거두었다고 해서 한국인이 종교 지향적이라고 단정 짓기에는 아직 이르다. 종교의 포교라는 양적인 차원을 떠나서, 과연 한국인의 생활 속에 종교정신이 얼마나 스며들어 있는지를 말하라고 하면 자신 있게 그렇다고 대답하기는 어렵기 때문이다. 비록 종교인구 수가 많다고 하지만 근대 이전처럼 종교가 생활을 이끌어 가고 있다고 말할 수는 없다. 기독교 국민인 독일이나 불교 국민인 일본에서 기독교나 불교가 생활보다는 장례 같은 의례에만 남아 있듯이 한국의 다양한 종교들도 어쩌면 의례용으로만 남아 있는 것이 아닌가 하는 의심도 해볼 만하다.

이렇게 비록 양적으로는 여전히 종교인구 수가 많지만 생활에서 종교의 힘이 약화되었다는 것은 그만큼 사람들의 의식이 사회의 합리성에 조응하여 합리적이 되고 있다는 반증일 수 있다. 그러나 생활에서 종교의 역할이 감소하는 데는 다른 요인들도 있다. 종교는 이전부터 신에 대한 '열광'과 '추종'을 의례로 만들어 사람들의 감성을 들뜨게 했다. 종교의례를 통해 집단적인 소통을 만들어 갔고 사람들 간의 유대를 유지했다. 그러나 현대에는 많은 다른 부분이 이러한 종교적 기능을 대체하고 있다. 연예, 광고, 스포츠 그리고 이를 포괄하는 매스컴이 그런 사람들의 열광을 종교로부터 빼앗았다. 매스컴에 의해 조작된 스타를 보고 열광하는 십 대들, 스포츠를 통해 카타르시스를 느끼는 뭇 사람들, 광고를 보고 자신을 돌아보는 감성적 젊은이들, 섹스만을 찾아 스스로의 인생을 느껴 보겠다는 탕아들, 초콜릿 없이는 못 살겠다는 먹고파들, 이들 모두에게 각각의 활동들은 신처럼 자신의 행동을 통제하는 것들이다. 이들에게 스포츠는 스포츠교가 되고, 광고는 광고교, 섹스는 섹스교, 초콜릿은 초콜릿교가 되어 자신의 종교로 들러붙어 버린다. 합리적인 사고를 지닌 듯싶었던 사람들의 의식이 이제 소비의 사회를 맞이하여 다시 감각적이고 충동적으로 변하라고 강요받는다. 이런 강요 앞에 생각하기 싫어하는 한국이 현대인들은 너무 쉽게 무너진다. 고대나 중세 시대나 나무나 돌, 비가 신으로 추앙받던 물신 시대가 지금에 와서는 그 대상만 다를 뿐 또다시 물질을 숭상하는 새로운 물신 시대가 열린 것이다.

그러나 열광하다가 쉽게 뒤바뀌는 스타들, 지고 나면 열만 받는 스포츠, 더우면 녹아 버리는 초콜릿, 채워지지 않는 성욕, 이 모두가 일시적이고 허무한 것들이다. 자신의 정체성과 삶에 대한 애착이 강해질수록 일시적인 대상에 대한 숭상이 아닌 상주불멸하는 무언가에 기대어 스스로 열광을 던지고 싶어진다. 마치 무수한 자연신에 대한 숭상에서 제석천이라는 유일신으로 발전되었던 무속처럼, 현대를 살아가는 사람들도 한 생애 속에서 이런 종교의식의 발전과정을 통하여 물신숭배와 신 관념을 자연스럽게 연결시킨다. 이렇게 보면 현대의 합리화에 따라 종교의식이 약화된다는 주장은 다른 한쪽에서 새롭게 불어오는 물신주의로 인해 희석되고 만다. 그래서 마르크스는 물신숭상이 진정되어 화폐가 최고의 물신으로 등장하면 기독교의 유일신 관념도 점점 강화된다고 내다봤고, 합리화를 주장했던 베버조차도 카리스마를 바라는 민중들의 심리가 만연하리라고 추측했던 것이다.

이렇듯 종교는 현대에도 그대로 남아 있지만, 변화하는 사회상 때문에 과거의 종교로 그대로 남아 있을 수는 없다. 아무도 종교를 생활의 걸림돌이 될 만큼 있는 그대로 받아들이지 않는다. 스스로 편한 쪽으로 종교를 취사선택한다. 그래서 전통적으로 권위를 인정받았다고 해서 기성종교를 따라가는 짓은 좀처럼 하지 않는다. 자신의 욕구를 채워 줄 수 있는 종교라면 그냥 추종할 마음 준비가 되어 있기 때문이다. 신흥종교라고 하더라도 그게 내 마음만 편하게 해주면 주저 없이 따른다. 기성종교도 이런 흐름에 예외일 수 없다. 신도를 확보하고 살아남으려면 스스로 변신해야 한다. 고객의 욕구를 잘 파악해야 성공하는 상품이 되듯이, 종교로 살아남으려면 고객인 신도의 가려운 곳을 잘 긁어 주어야 한다.

과거 사회를 이끌어 갔던 종교가 이제는 스스로 살아남기 위해 사회 속에 종속되어 이리저리 끌려다닌다. 화석종교가 되지 않고 지금껏 살아남은 종교는 어쩌면 운 좋게도 변화하는 세계에 재빨리 적응해서 힘 있고 돈 많은 사회층을 자기 종교인으로 갖고 있었던 덕분이었는지 모른다. 그러나 약해진 종교의 모습이 여기저기서 드러나는 것을 숨길 수는 없다. 약해진 종교가 살아남으려면 비판에 민감해지고, 내부 집단의 결속을 위해 외부에 대한 배타성을 강화하는 것이 일반적이다. 스스로 배타성을 강화하지 않으면 언제 무너질지 알 수 없기 때문이다. 스스로의 처지에서 막연히 탈출구로만 생각했을 뿐, 별생각 없이 종교의 신도가 된 많은 한국인들. 이들에 대한 따끔한 비판의 한마디가 전 신도의 마음을 흔들어 종교단체의 존립을 뒤흔들 만큼 한국의 종교는 약하다. 그래서 엄청나게 배타적이다. 외부의 자극에 과민반응하고, 공공연히 타 종교를 비난하고, 때로는 '이단'과 '사교'에 가해하도록 신도들을 충동질한다. 한국은 종교의 자유가 보장된 다종교국가이지만, 실상 종교비판은 전혀 자유롭지 못한 이유도 결국 따지고 들어가 보면 종교의 나약함과 미숙함 때문이다. 생존유지에 신경을 쓰는 모든 생물이 이기적이고 배타적이 될 수밖에 없듯이 말이다. 한 나약한 개인이 스스로 강해지려고 노력하지 않는 이상 나약하고 배타적인 종교를 통해 자신을 강화시키려는 모순은 계속될 수밖에 없다.

종교가 사회적으로 계도적 역할을 적절히 수행하려면 이제 종교개혁의 닻을 새로 올릴 필요가 있다. 그러기 위해서는 종교단체의 자세도 원래의 종교정신으로 돌아가려고 애써야 한다. 기독교는 초기 기독교의 정신으로 불교도 원시불교의 정신으로 현대를 보는 지혜가 필요하다. 그것이 비록 양적으로는 타격일지 몰라도 기업화하는 종교, 사이비화하는 종교를 막는 길이다. 그렇지 않으면 기성종교라 하더라도 새롭게 부흥하는 상층종교에 자리를 내주고 언젠가는 이름만 남아 있는 화석종교가 될지 모른다.

　개인은 스스로 이성의 부흥을 통해 자신이 처음부터 차근차근 모든 것을 되짚어 보는 차분함이 필요하다. 수동적인 현대인들이 빠지기 쉬운 대중적 호기심에 스스로 능동적인 인간으로 서기 위해서는 눈을 똑바로 뜨고 세상을 사유하는 노력이 필요하다. 그래서 합리적일 수 없을 것만 같은 종교의 '믿음' 조차 합리적이 될 때, 믿음은 더욱 흔들리지 않을 것이다. 그리고 그러한 종교적 입장에서만이 인간에게 종교란 사이비가 아닌 그야말로 진정한 구세주로 다가오게 되지 않을까.

열한 번째 이야기 한국의 일탈문화

일탈의 사회적 의미

　18세기까지 유럽에서 자살은 엄청난 범죄였다. 자살자의 시신은 말에 매달려 질질 끌려다녔고 그 재산은 모두 압수당했다. 다행히 자살이 미수에 그치더라도 다 치료한 뒤에 살아나면 여지없이 교수형에 처했다. 죽일 사람을 왜 살려 놓는지 이해하기 어렵지만, 신이 준 생명을 자기 마음대로 할 수 없던 시기였음을 상기하면 어쩌면 당연한 일인지도 모르겠다. 이런 배경 탓에 인간존중 사상을 내걸었던 르네상스 시기의 사상가들 가운데 몇몇은 자살옹호론을 펴기도 했다. 인간존중 사상이 인간의 죽음을 정당화해주는 아이러니가 통하던 시대였다.

우리나라에도 자기 몸을 자기 뜻대로 하지 못하게 하는 전통은 오래 전부터 있어 왔다. 생명과 신체란 부모가 내려준 은혜로운 산물이므로 자기 뜻대로 할 수 없다는 것이다. 그래서 자살한 사람에게는 장례를 치러 주기는커녕 천대하며 접근하지도 않는 풍습이 있었다.
　그러나 이런 전통들이 오래가지는 못했다. 개인주의의 물결 속에서 중세의 기독교가 그랬던 것처럼 부자간 유대를 선언한 유교도 예외 없이 구시대의 유물로 사라져 갔다. 그리고 나서 우연의 일치인지는 모르겠지만 이상하게 우리 사회는 젊은이들의 자살 속에 몸살을 앓기 시작했다. 입시 중압감 때문에, 생활비관 때문에, 또는 무시당하거나 억울하거나 복수하기 위해, 그리고 때로는 조국애 때문에 자기의 목숨을 스스로 내던졌다. 물론 르네상스 시기처럼 자살옹호론을 표면적으로 펴는 사람은 없었다. 그러나 자살을 통해 개인의사를 표현하고 존중해 달라는 바로 그 자살자들의 외침 속에서 우리는 또다시 인간존중 사상이 가져온 개인주의의 아이러니에 한없이 빠져들어 가고 있는 것이다.

자살과 타살의 관계

　사실 자살문제야 개인주의가 정착한 덕분에 현대에 들어와서는 다른 사회문제에 비해서 그리 커다란 문제로 드러나지 않았다. 자살은 어떤 원인에서건 자신의 선택이란 선입견이 스며들어 있기 때문에 자살사건은 "쯧쯧, 죽을 용기가 있으면 그 용기 갖고 한 번 살아나 보지." 하는 한마디나 남길까, 이내 사람들의 뇌리에서 잊혀 버리고 만다. 청소년 자살은 청소년의 유흥업소 출입보다도 사회적으로는 파급을 덜 미치는 문제가 되어 버렸다. 개인주의가 퍼지면서 함께 정착된 윤리는 타인에 대한 간섭과 피해를 최소화해야 한다는 공중도덕의 논리이다. 이 논리 때문에 남몰래 죽는 자살사건보다는 자신의 아들, 딸에게 직접적인 피해를 주는 유흥업소 난립이 더 큰 사회문제가 되는 것이다.

  자살과 똑같은 인간의 죽음인데도 모든 사회문제나 일탈행동 가운데서 가장 천인공노할 범죄가 있다. 살인이 그것이다. 다른 사람의 의사와는 상관없이 남의 생명을 빼앗는 살인은 어떻든 자살과는 비교할 수 없는 엄청난 범죄이다. 그러나 개인적인 차원을 떠나 사회적인 원인을 찾는 차원에서 자살과 타살을 비교해 볼 때, 타살과 자살은 얼마큼 차이가 있을까? 범죄 통계에 의하면 살인사건의 반 정도는 아는 사람에 의해서 저질러진다고 한다. 그 가운데 약 10% 정도가 존비속 살해라고 한다. 물론 대부분이 순간을 참지 못하고 욱하는 성질에 그런 큰 죄악을 저지르고 만다. 그러나 그 살인의 원인이 욱하는 성질 때문이라고만 말할 수는 없다.

  타살의 원인도 따지고 보면 대부분 열등감, 생활고, 치욕, 억울함으로 돌릴 수 있다. 자살의 원인과 크게 다르다고 말하기 어려운 것이다. 공부 못한다고 '호적 파 가라.'라는 부모의 호통에 부모를 죽이는 패륜 '자식'도 있지만, 자해하거나 자살함으로써 앙갚음을 하는 불효자식도 동전의 양면처럼 나타날 수 있다. 생활고에 시달려 굶주리는 처자식을 가진 사람은 인생을 비관해서 자살할 수도 있지만, 살인을 해서 돈을 챙길 수도 있다.

  이렇듯 자살이 많은 곳은 타살도 많다. 이유는 그 근원이 같은 뿌리를 갖고 있기 때문이다. '신체발부 수지부모' 건 '신체가 신에 의해 주어진 것' 이건 자살을 적극적으로 징벌하는 곳에서는 타살도 그만큼 적다. 자기 생명이 꼭 자기 것만은 아니라는 생각이 남의 생명도 자기 뜻대로 할 수 없다는 윤리관으로 이어져 자살과 타살을 모두 구속하고 있기 때문이다. 결국 사회적인 유대가 얼마나 이루어져 있느냐에 따라 자살이건 타살이건 모든 일탈적인 행위가 적어지기도 많아지기도 한다는 결론에 이른다. 이런 현상은 우리 주위에서도 흔히 볼 수 있다. 제주도 쪽을 가 보면 '범죄 없는 마을' 이 간간이 눈에 띈다. 그 마을은 몇십 년을 서로 함께 지냈고 소규모인데다 서로 사는 것도 비슷하고 동족마을이어서, 좀도둑이 있을 수 없고 존비속 살해라는 어마어마한 사건이 일어날 리도 없다. 그러나 밤 깊은 서울의 뒷골목이나 뉴욕의 뒷골목은 무시무시하다. 서로 아무도 모르는 곳에서 무슨 일이 벌어질지 모른다. 누군가에게 도움을 청해도 그냥 못 본 척 지나치기 일쑤인데 밤거리를 함부로 마음 놓고 다닐 수가 없다. 이때는 남의 간섭이 없다는 것을 꼭 편한 것과 연결시킬 수는 없다.

범죄와 시장 그리고 국가

사실 공동체 문화가 해체되어 온 것은 곧 자본주의 발전의 역사였다. 생산을 극대화하기 위해서는 개인들 간의 경쟁은 필수적이다. 공장에서도 개인들 간의 경쟁이 없으면 생산성이 늘어날 수가 없다. 집에 들어와서는 남들보다 더 좋은 물건을 사지 않으면 뒤처지는 듯한 느낌에 소비

경쟁을 벌인다. 그래서 또 돈을 더 많이 벌려고 다시 공장에 나가서 열심히 일한다. 자본주의는 이렇게 경쟁을 거대하게 조직화시킨 체제라고 단적으로 말할 수 있다. 그리고 경쟁은 개인주의와 상응할 수밖에 없다. 물론 때로는 강한 적을 이기기 위해 연합전선을 펴기도 한다. 하지만 그것은 어디까지나 개인적 이익에 기초하며, 목표가 달성된 뒤에는 언제든지 다시 찢어져 본연의 개인주의로 돌아갈 준비를 한다.

경쟁은 시장의 안정을 약속한다. 시장은 경쟁하는 사람, 그리고 경쟁하는 물건들이나 기업이 필요로 하는 경쟁의 공간이다. 그래서 시장에는 경쟁하기 때문에 차별적일 수밖에 없는 모든 물건이 내놓아진다. 곧 시장은 차별적 성격을 지닌 공간이다. 여기에는 사람도 예외일 수 없다. 사람도 능력 있는 사람, 없는 사람으로 나누어지고 그 사람들에도 상표가 붙는다. 이제 그 상표에 따라 사람의 차등이 생기는데 기준은 재력, 신분, 학력 등이다. 재력이나 신분, 학력에서 뒤처지는 사람은 불량품이 되는 셈이다. 그런데 사람은 다른 물건과 달라서 시장에서 불량품으로 찍혔다고 그냥 버려지는 것이 아니다. 사람은 능동적인 의지를 갖춘 생물인데 어떻게 가만히 앉아만 있겠는가. 비록 공정하지 않은 방법을 써서라도 불량품에서 일약 귀중품으로 솟구치려는 욕심이 생긴다. 그것도 가능한 것이 상표 하나만 좋은 것을 붙이면 되니까 말이다. 이 과정에서 때로는 살인이 생기기도 하고 때로는 절도가 생기기도 한다. 우리나라의 살인범이나 절도범 가운데 약 80% 정도가 하층계급에 속한다고 하니, 이런 시장경제 원리에 의한 설명이 보편적인 것 같고 또 적절한 듯도 하다.

그러므로 기존의 시장원리를 깨뜨리려는 살인, 절도범을 처벌하는 것은 곧 자본주의 규칙이 적용되는 시장원리를 계속 유지하자는 것과 같다. 그러기 위해서는 한 가지 필요한 전제가 있다. 살인 절도범 같은 범죄자에 대해서는 시장원리에 따라 차별적으로 적용되는 것이 아니라 예외 없는 똑같은 처벌이 이루어져야 한다. 시장원리를 유지하기 위해서는 엄격한 탈 시장적 원리가 다른 한쪽에서 이루어져야 공정한 시장 규칙이 심판되고 지속될 수 있는 것이다. 자본주의 사회에서 그 엄격한 탈 시장적 원리를 행사하는 곳은 국가이다. 그런데 만약 국가가 그런 탈 시장적 원리를 내버려둔다면 어떻게 되는가.

수천만 원을 사기당한 한 중년 남자가 경찰서를 찾았다. 담당형사에게 다가가서는 자신의 억울한 사정을 이야기하며 그 돈을 찾아 달라고 애원하자 그 형사는 이렇게 대답한다.

"이건 좀 경미하고 막막한 사건이라 조사하기가 어렵겠는데요. 경비도 많이 들 것 같습니다."

"제발 좀 부탁합니다. 그놈은 꼭 잡아야 합니다. 친구 좋다는 걸 미끼로 돈 떼먹고 도망갔단 말입니다."

"지금 상태로는 조사 시작 때까지 한참 기다리셔야겠어요. 그쪽에서 경비를 댄다면야 모르겠지만..."

사실 그 형사는 솔직한 편이었다. 다른 경우에는 대부분이 조사하는 척해 놓고는 일을 미루어 버리니까. 관공서에만 급행료가 있는 줄 알았더니 경찰 쪽에도 급행료는 있었다. 신고 들어온 건수는 엄청나고 조사할 경찰은 턱도 없이 모자라고 하니 경찰 쪽에서 '뒷길' 만도 하다. 살인에 강간, 폭행 등 강력범죄가 여기저기서 터져대는 바람에 며칠째 집에도 못 들어가고, 게다가 박봉에 시달리는 우리 형사님들이 그깟 돈 좀 찾겠다고 바동바동하는 모습을 보고 있노라면 일단은 무관심 쪽으로 쏠리고 싶은 심정을 모르는 바는 아니다.

그러나 이런 불공정이 확대되면 사람들은 그 억울함을 국가에 의존하기보다는 개인적 대응에 더 의존하게 되고, 그러다 보면 결국 '유전 무죄, 무전 유죄'란 말이 튀어나올 수밖에 없다. 범죄처벌에조차 돈 있고 배경 있는 사람 따라가는 시장원리가 작용해 버리면 정말로 공정한 시장원리를 심판할 사람은 없어지는 것이다. 이런 탓에 웬만한 사기사건이면 그냥 아픈 마음을 묻어 둔다. 괜히 법원이나 경찰서에 가서 이것저것 조사받고 하다가는 창피당하고 시간만 뺏길지 모른다고 생각한다. 개인이 백방으로 힘써 보고 안 되면 체념하는 편이 낫다. 서구의 경우 재산범죄와 폭력범죄의 비중을 비교해 보면 재산범죄의 비중이 월등히 높다. 우리나라 범죄양상은 거꾸로 재산범죄보다 폭력범죄 비율이 훨씬 높게 나타난다. 그 이유를 따져 들어가 보면 '주먹은 가깝고 법은 멀다.'라는 법의 불공정의식이 잠재하고 있기 때문이다. 사적인 일인데 법원까지 가서 송사를 벌이자니 일이 복잡해질 것 같고, 경찰이 끼어든다고 잃어버린 돈을 찾을 수 있을까 하고 생각하니 신고하는 것도 머뭇거리게 된다. 이런 분위기라면 경찰관이 수사하는 것도 미온적이 될 수밖에 없다. 결국 혼자 드는 생각은 '이놈 내 돈을 떼먹고 도망을 가? 찾기만 해 봐라. 죽여 버릴 테다.'라는 다짐뿐이다. 이런 다짐들이 폭력범죄와 재산범죄의 비율을 다른 나라와는 반대로 만들어 버린 바로 그 가치관이다.

십 대 범죄와 마피아

한국 범죄의 특징인 폭력성 강력범죄의 다발은 그 절반이 십 대에 의해서 자행되고 있다는 것에서 그 독특함이 한 번 더 돋보인다. 이른바 청소년 범죄는 기존의 일반적인 범죄자의 잣대로 재기가 어렵다. 살인, 강도, 강간 등 강력범죄를 저지르는 십 대들은 하층계급 출신이 아니라 대부분이 중산층 이상 집안의 출신들이다. 그러나 이들 십 대들이 돈을 벌거나 소유하고 있는 것은 아니다. 그렇기 때문에 사기를 당하든가 또는 감언이설로 사기를 칠 '경륜'도 없다. 그만큼 이들이 재산범죄에 관여하는 정도는 낮다.

반면에 강력범죄의 주역으로 등장하게 된 이유는 가진 것은 없지만 하고 싶은 것은 많기 때문이다. 그래서 성 충동 해소나 유흥비 마련처럼 쾌락 제일의 원칙이 범죄를 저지르는 최우선의 원인으로 등장한다. 쾌락을 위한 거대한 욕망은 있지만 이를 충족시킬 정당한 수단을 갖지는 못한 십 대들은 범죄를 통해서라도 그 욕망을 충족시키려 한다. 무한한 욕망충족을 목표로 삼았지만 정당한 수단은 제한되어 있어 목표와 수단은 조화되지 못하는 현대의 병리인 이른바 '아노미 현상'이 청소년 범죄에서 그대로 나타나는 것이다.

그러나 꼭 이런 사회적 갈등과 개인의 괴리만이 십 대 범죄자들에게 나타나는 것은 아니다. 오히려 십 대 청소년 범죄자들은 '그들만의 세상'을 갖고서 그들 또래만의 목표와 수단을 설정하기도 한다. 같이 어울려 다니다 보면 또래가 자신에게는 가장 편안하기도 하고 그래서 가장 영향을 많이 받고, 가장 인정받고 싶은 집단이 된다. 이제 어느 정도 그룹이 지속되면 또래 나름의 규율과 규칙이 생긴다. 그래서 또래가 일탈문화 속으로 빠져들어 가면 '싸움 잘하는 사람'이, 또는 '편의점 들어가서 많이 훔쳐오는 담 큰 사람'이 그 집단 내에서는 인정받는 사람이 된다. 마피아가 그들 범죄조직의 규율에 의해서 이끌어지듯이, 또래의 일탈화도 그들의 하위문화에 의해서 생성되는 것이다.

대체로 보면 왜곡된 남성문화가 또래의 권위를 규정하는 원칙으로 자리 잡는다. 좀 심해지면 여자를 많이 '경험한' 사람이 또래에서는 인정받는 사람이 된다. 그래서 때로는 여자를 강제로라도 범함으로써 담력과 여성의 소유를 동시에 과시하는 망동에 빠지기도 한다. 이때는 가끔 생각나던 사회적인 규범도 까맣게 잊어버린다. 일을 저지르고 나서 '운 나쁘게' 걸려들면 그때야 사회적 규범이 생각나는 사람도 있다. 그때 둘러대는 것이라고는 자신의 잘못을 여자 탓이나 사회 탓, 의리 탓으로 돌리는 합리화 기술이다. 그런 것은 학교에서 제대로 배우지도 않았을 텐데 어찌 그리 잘해내는지.

21세 이상의 강간범 가운데 공범의 비율은 21%이고 단독범은 78%인 데 반해서, 20세 이하의 강간범 가운데 공범의 비율은 82%이고 단독범의 비율은 17%로 청소년 강간범죄의 양상이 성년층과는 판이한 특성을 갖고 있다. 특히 20세 이하 강간범 비율은 전체 강간범의 반 이상인데다, 1993년도에는 1992년도에 비해 십 대 성폭력범이 무려 222%나 급증했다고 한다. 이렇듯 십 대 범죄자들에게 또래의 영향력은 막강하다. 이 정도면 청소년 범죄는 부모나 가족이 아니라 친구관계가 일단은 가장 직접적인 원인이라고 말할 수 있다. '향 싼 종이에서 향내 나고, 생선 싼 종이에서 비린내 난다.'라는 옛 선인의 말이 다시 확인된 셈이다.

그리고 요즘 부모들이 자식의 친구관계에 과잉으로 신경 쓰는 것도 일단은 일리가 있는 것으로 증명된 것이다.

그렇지만 자식 스스로 '인간'으로서가 아니라 부모의 뜻에 따라 '공부하는 기계'로 취급받고 그 기계가 스스로 불량이라고 생각된다면 부모의 통제가 얼마큼 효과가 있을지는 의문이다. 학교도 부모의 요구에 따라 그리고 시대의 요구에 따라 성적순으로 인간성을 평가한다. 이 정도면 타인에게 인정받는 길이란 친구뿐이라는 생각이 더 굳혀질지 모른다.

개인주의의 극복과 탁발철학

원래 인간에게는 비행을 저지르고 싶은 욕구가 있다. 정상적인 사람도 하루 수십 번씩 일탈 상상을 한다. 그러나 아무도 처벌하지 않는다. 상상은 자유니까. 그 상상이 행동으로 외부화되면 일탈행동이 성립되지만 대부분의 사람은 그 외부화를 억제한다. 일탈에 대해서는 사회적인 연대가 형성되어 있어서 비난받기 쉽기 때문이다. 이렇듯 사회적 연대가 강할수록 일탈 행동도 그만큼 억제하기 쉽다.

그런데 자본주의 사회의 사회적 연대란 스스로 해를 입을 가능성 때문에 개인들 간에 생겨난 동의형태이다. 앞서 봤듯이 자본주의 사회에서는 개인주의가 일탈을 부추기는 원인이기도 하지만, 일탈을 막는 근거도 결국에는 개인주의에 기반을 두고 있는 것이다.

자본주의 사회의 범죄가 지닌 모순점은 여기서 나타난다. 만약 어떤 조직이 나서서 많은 개인을 포섭한다면 설사 처음에는 그것이 일탈행동이었다 하더라도 정상적 행동으로 바뀔 가능성이 많다. 그런 예를 우리는 1930년대의 미국 금주법과 최근의 미국 마약 적법 논쟁에서 엿볼 수 있다. 결국 음주인구의 확대와 마피아의 득세로 금주법은 폐지되었고, 늘어나는 미량의 마약 복용자도 언젠가는 어느 선에서 합법화될지 모를 일이다. 술이나 마약을 음용하고 복용하는 사람이 늘고, 이것을 자본주의 기업이 이윤창출 도구로 사용함에 따라 사람 수에 정치적 영향력까지 가세된다. 반면에 미국의 금연법안처럼 흡연인구가 적어질수록 흡연은 일탈적 행동으로 취급받고 혐연권이 단연 부각된다. 물론 아직 흡연인구가 절대다수인 한국에서 금연법의 시행은 시일을 더 두고 봐야 할 일이다.

이렇듯 자본주의 사회에서는 '쪽수 우열의 법칙'에 의해 정상과 일탈이 나누어졌다. 그래서 범죄처벌의 대부분도 개인적 차원이지 집단적이고 구조적인 차원의 범죄는 처벌받지 않는다. 극단적이 예는 전쟁이다. 전쟁은 적을 죽이는 것을 정당화할 뿐 아니라 전쟁의 와중에 절도, 강도, 강간 같은 모든 범죄가 묵인된다. 그런데 오히려 전쟁은 강도, 강간을 위해 적을 죽이는 것이라고 역설적으로 말하면 잘못된 말인가? 전쟁은 기본적으로 위정자들의 결정에 달려 있지만, 전쟁을 찬양하는 사람들 가운데 꽤 많은 사람은 전쟁을 자신의 억울함을 무자비하게 토해낼 기회라고 생각한다. 전쟁 때는 아무도 공공법에 따라서 처벌하지 않기 때문이다.

자본주의가 기초로 하는 개인주의는 어쩔 수 없이 수를 기반으로 일탈을 규정한다. 그렇기 때문에 개인주의는 수의 힘에 의존한다. 물론 개인주의 원칙으로 일탈을 규제 화하는 것은 '정당하다.'라고 할 수는 없지만, 역시 현실적으로는 가장 '효과적인' 수단이다. 이런 현실이라면 굳이 개인주의를 때려 부수고 새로운 것을 세우기보다는 오히려 개인주의 위에 새로운 방식의 개인주의를 얹어 보는 것은 어떨까.

초기 자본주의 시기의 부랑인들은 범죄자였다. 부랑인들은 특별히 개인에게 해를 끼친 것도 없었는데 잡혀가서 강제 노동을 당하곤 했다. 이런 조치에 대해서는 그 당시 노동자의 부족 때문에 국가가 강제적으로 부랑 국민을 잡아들였기 때문이라고 일반적으로 설명한다. 그러나 더 근본적인 이유는 '자본주의는 자기가 노동해서 임금을 타 가는 체제인데, 어딜 함부로 손 벌려 먹고 살려 하는가?' 하는 준엄한 사적 소유의 윤리적 교의가 스며들어 있다. 그래서 남에게 아무런 피해를 준 것도 없지만, 부랑자는 자본주의 사회에서 범죄자가 된다.

그리 오래전은 아니지만 우리나라에서는 불교 승려들이 집집마다 돌아다니면서 구걸하는 탁발 풍습이 흔했던 적이 있었다. 물론 지금은 찾아보기가 어렵다. 탁발풍습이 없어진 원인도 알고 보면 '놀고 얻어먹는다.'라는 부랑인의 일탈적 이미지가 투영되었기 때문이었다. 탁발을 나가면 이상한 눈초리로 문전박대하기 일쑤였고, 이런 사회적 분위기 때문에 승가에서는 이를 지금까지 금지하고 있다. 그래서 절도 다른 사회 단체처럼 '자급자족'을 한다고 시줏돈으로 수익사업을 하는 것이 현실적인 추세이다. 그러나 그 결과는 어떤가. 돈이 점점 많아지니 서로 탐욕이 생기고, 이권을 놓고 싸움과 갈등이 일어나는 세상의 논리에 어느덧 그대로 빠져들고 만다.

원래 탁발은 단순히 얻어먹고 살겠다는 유랑걸식과는 다른 의미를 갖고 있었다. 재물을 소유하지 않으면 탐욕이 생기지 않을 뿐 아니라,

탁발을 통해 다른 사람에게 선행할 기회를 주자는 깊은 철학이 있었다. 그러면 선행을 베푼 사람이 그 선행에 상응하는 좋은 과보를 받기 때문이다. 지금도 인도의 어디에선가는 '구걸 수행인'에게 돈이나 먹을 것을 주고 나서 고마움을 표시하지 않고 지나가면 '버릇없는 인간'으로 욕을 먹는다던가.

우리의 상식으로는 도저히 이해할 수 없는 오만한 짓거리이다. 하지만 그것은 우리의 몸에 오래도록 깊이 밴 사적 소유와 개인주의적 관념의 잣대로만 잰 오해일 수 있다. 오히려 그런 탁발철학에서 개인주의를 극복하고 일탈이 사라진 공존의 삶을 조금이라도 배울 수 있지 않을까 하는 생각은 지금 이 세대에 비춰 본다면 너무 시대에 뒤떨어진 생각인지, 아니면 혹시나 시대를 너무 앞서 간 생각인지는 조심스럽게 판단해 봐야 할 일인 듯싶다.

열두 번째 이야기 | 한국의 성문화와 매매춘

돈과 성(性) 사이에서 바라본 한국

한번은 선배 R씨와 허름한 꼬치 집에서 소주를 들이켜고 있을 때였다. 그 선배는 근래 부인과의 사이가 원만치 않았던지 장난기 베인 푸념을 계속하고 있었다. 그러다 '부부관계' 이야기까지 자연스레 술자리에 던져졌다. "어휴, 요즘 우리 마누라 톡톡 쏘는 게 아주 무서워. 남편이 능력도 없고 돈도 못 벌어 온다고 아 글쎄 잠자리까지 같이 안 하려고 하지 뭐야. 동침 거부하면 이혼사유도 되는 것 아냐?"

"돈 벌지 못하는 것도 이혼 사유가 되는 것 아니에요?"

"돈이야 있다가도 없는 거잖아, 그렇지만 젊은 청춘이야 그냥 지나가

버리면 돈 주고도 살 수 없잖아. 독수공방이 쉬운 일이 아니더라고" 그러다 선배는 얼굴에 씩 웃음을 띠며 이런 말을 이어갔다.

"요즘은 마누라가 부부관계를 워낙 거부해서 하루는 말이야, 내가 갖고 있던 돈을 주면서 넌지시 지나가는 말로 오늘은 한 번 하자고 요구했더니, 나 참 당장에 침대로 가더라고."

"……."

'도대체 이게 웬일? 이게 맞장구 쳐주면서 웃을 일이야, 아니면 한숨 쉴 일이야?' 잠시 헛갈리고 난 뒤에 내가 던진 말은 겨우 이런 농담이었다.

"돈 주고 관계를 가지면 위법이에요."

그날 집으로 돌아오는 버스를 함께 탔던 사람들이 나를 약간 이상하게 쳐다봤을지도 모르겠다. 버스 안에서 그 선배의 말이 자꾸 생각나 혼자 히죽히죽 댔으니까.

사실 돈을 지불하고 성관계를 할 경우 매춘에 해당하기 때문에 현행 법상으로는 불법인 셈이다. 그러나 부부간의 성관계에 아무리 돈이 오간다고 해도 매춘이라고 보지는 않는다. 그리고 그 성관계를 통하여 서로의 애정을 확인하고, 성관계에서는 서로가 인격적인 관계임을 전제한다. 그래서 아무리 주부의 가사노동이 힘들다고 하지만 거기에 성관계를 포함하지는 않는 것이다. 실제로 화폐로 계산된다면 주부노동 중에서도 가장 비싼 서비스(?)가 될 테지만.

그러나 문제는 우리 사회에서 R 선배의 경우는 예외에 속한다는 것이다. 아마도 R 선배의 처지에 있는 남자라면 부인 등살 때문에 집에 들어가기 싫다며, 당장에 그 욕구를 정말로 돈 주고 푸는 편을 택하는 쪽이 많을 것이다. 능력이 없다고 부인에게 기도 못 펴는 남편들이 잠자리에서 남편 주도로 부부관계를 이끌어 갈 수 없는 것은 당연하다. 이것은 우월감에 젖어 있는 남성의 자존심을 다치게 하는 일이다. 그래서 돈만 지불하는 성관계를 통해 무시당하지 않고 스스로 남성적임을 과시할 수 있는 매춘을 택하는 것이 오히려 다반사다. 그렇게 되면 매춘 덕분에 집안의 성 문제를 집 밖에서 해결하게 되는 것이다. 가부장제 사회 속에서 가족의 일부일처제 '형식'이 유지될 수 있는 것도 따지고 보면 이런 엄청난 매춘산업 덕분에 가능해지는 셈이다.

이런 사실 속에서 유추할 수 있듯이 매춘은 가족관계의 성격과 밀접한 관련이 있다. 정략결혼이나 중매결혼이 많으면 부부 사이의 관계는 부자연스러워질 가능성이 많다. 부부간의 성관계에서 서로 간의 욕구와 생각을 전달하거나 교감하는 것이 어려워지면 남편이나 부인 할 것 없이 모두 가정 밖의 세계와 관계를 맺을 가능성이 많아진다. 유럽 자본주의 발흥기의 부르주아나 귀족계층처럼 정략결혼이 대부분일 경우, 이들 귀족과 귀부인들이 가정 밖의 성과 얼마나 많은 관련을 가졌는지는 눈으로 직접 보지 않아도 충분히 짐작할 수 있다. 이것은 현대사회에서도 마찬가지이다. 자유연애가 보편화되어 있다고는 하지만 여전히 정략결혼과 중매결혼이 많은 '상류사회'에서 성문화가 어떨지는 비록 세간에 잘 알려지지 않더라도 보통사람의 평범한 식견으로 추측이 가능한 것이다.

이렇게 결혼의 성격과 매춘을 연결해 보면 현대로 올수록 매춘은 줄어들고 있다고 봐야 한다. 일부 계층을 제외하면 자유연애가 확대되어 온 것이 확연하기 때문이다. 한국도 예외는 아니다. 우리나라도 연애결혼이 지속적으로 늘어왔고, 그 비율도 이제 전체 결혼의 대부분을 차지하고 있다. 이런 사실에 연결 시켜 보면 한국의 매춘도 당연히 줄어들어야 한다. 그래서 그런지는 몰라도 통계상으로 보면 실제로 매춘여성은 줄어들었다. 보사부 통계에 근거해서 보면 한국 매춘여성의 수는 1980년대 이후 지속적으로 감소하고 있다.

매춘이 줄어든 이유를 앞의 가족과 매춘의 관계로 보면 한국의 가족이기주의가 번성하는 현상과 일단 연결해 볼 수 있다. 가정 중심적인 가장이 늘어나면서 매춘의 거대한 수요였던 접대풍습이 많이 달라졌다고 한다. 이전 같았으면 회사에서 바이어를 접대한다고 했을 때, 룸살롱과 여자는 접대와 같은 개념으로 통용될 정도로 필수적이었다. 그러나 요즘은 접대비를 아예 돈으로 요구하는 바이어도 있다고 하니 세상이 변한 것은 사실이다. 그 돈을 룸살롱의 주인이나 호스티스에게 주는 것보다는 '늘 애인 같은 아내'에게 갖다 바치는 편이 낫다고 생각하니 매춘여성들에 대한 수요가 줄어들 수밖에 없다.

또 가족의 성격과 관련되지 않더라도 매춘의 수요를 줄이는 요인은 많이 생겨났다. 무엇보다도 성병 특히 AIDS의 등장이 매춘에는 큰 타격을 주었다. 'AIDS도 불사한다.'라며 매춘에 열을 올리는 남자들도 있지만, 매춘을 할까 말까 갈등했던 사람들이 매춘을 포기하는 쪽으로 발길을 돌리게 하였던 가장 큰 이유가 AIDS의 등장임은 두말할 나위가 없다.

'애인 같은 아내'와 '애인 같은 매춘부'

물론 매춘을 줄이는 요소가 위에서 봤듯이 지속적으로 존재해온 것은 사실이다. 그러나 과연 그 감소요인 때문에 매춘은 줄어들고 있는 것인가.

매춘을 늘리는 요인은 없는가, 만약 증가시키는 요인이 감소시키는 요인보다 더 크다면 결과적으로 매춘은 증가할 수도 있다. 사실 보사부 통계는 매춘 지역이나 기지촌의 매춘여성에 대한 통계일 따름이다. 개개인의 성생활 속에 돈이 오가는지를 통계로 잡아내는 것은 불가능하다.

실제로 매춘여성이 줄어들고 있다는 것에는 아무도 공감하지 않는다. 주위에서 느껴지는 '체감매춘'이 엄청나기 때문이다. 한국의 경우 매춘여성은 20~30대 여성의 10%는 족히 된다고 알려져 있다. 한국 관광산업이 섹스 산업이라고 해도 과언이 아닐 정도로 한국의 매춘산업은 엄청날 뿐 아니라 수그러들 줄을 모른다. 동남아나 일본에서 한국이 매춘공화국이라고 알려진 것은 이제 새삼스러운 일이 아닐 정도니까 말이다.

이렇게 통계상에 잡히지 않는데도 매춘이 늘어나고 있다는 것을 어떻게 설명할 수 있을까. 우선은 매춘부들의 성격이 전업매춘에서 부업매춘으로 변화하고 있다는 것을 지적할 수 있다. 전업매춘부라고 낙인찍힌 사람들은 상품값어치가 떨어졌다. 사람들이 천박하게 보는 만큼 돈도 생각보다 많이 벌어들이지 못한다. 그뿐 아니라 전업매춘은 조기 퇴직이 저만치서 눈에 보인다. 또한 육체적으로도 힘들다. 아픈 몸을 잊기 위해 약을 음식처럼 음용하지 않으면 안 된다.

그러나 부업으로 매춘을 하는 여자들은 일단은 스스로가 매춘부라는 수치심을 덜 수가 있다. 그리고 많은 사람을 무작위로 상대하지 않고도 매춘에서 생기는 부수입이 원직장의 수입을 뛰어넘기 쉽다. 수요자인 남성 측에서도 전업 매춘부가 아니라는 허상에 돈 쓰는 것을 낭비하는 것이라고 생각하지 않는다. 애인 같은 매춘부로 느끼고 있으니까 말이다. 좀 더 '인간적인 관계'를 느낄 수 있다는 허망한 감정에 돈을 헤프게

써대는 남성들에게 부업 매춘부들이 좀 더 많은 돈을 빼내려면 더 '지적이고 교양도 갖추어' 애인처럼 보이게 노력해야 한다. 그러나 이들의 조기 퇴직도 전업매춘부와 크게 다르지는 않다. 한몫 톡톡히 잡아 자기 가게라도 하나 차리면 모르겠지만, 그것이 실패하면 도시의 부업매춘이라는 화려함을 떠나 시골동네의 티켓 다방이나 전전하며 농촌마을을 한바탕 뒤흔들어 놓는 농촌의 부업매춘으로 전락하고 만다.

매춘이 늘어나는 이유에 대한 두 번째 접근방법은 변화된 결혼유형을 다른 시각에서 바라보는 것이다. 앞의 서술로 되돌아가 보자. 정략결혼이 광범할수록 매춘도 그만큼 퍼지기 쉽다고 했다, 부인과의 사랑을 통한 성관계가 어색해진다면 남편들이 매춘부를 찾도록 유혹당하기가 쉬워지기 때문이었다. 현대로 오면서 결혼은 대부분이 자유연애를 통해서 이루어진다. 자유의사에 근거해서 서로의 배우자를 선택한다. 앞의 논리대로라면 자유연애를 통한 결혼이 증가할수록 매춘은 감소하게 될 것이다. 그러나 자유연애를 통한 결혼은 과연 얼마나 자유로운가. 그 자유의 성격이란 자유로부터 도피하는 자유인가 아니면 진정한 자유인가는 따져볼 필요가 있다.

"연애 상대자와 결혼 상대자는 다릅니까? 아니면 같습니까?"라는 질문에 현대 한국을 사는 여성들은 서슴없이 대답한다. "연애와 결혼은 다른 거 아니에요?" 연애할 남성은 재미있고 외모도 뛰어나야 하지만, 결혼할 남자는 능력과 학벌 그리고 재력까지 갖추어야 한다는 것이다. 그래서 3년 넘게 한 남자와 교제하다가도 두 달 전 선본 남자와 '연애'를 하고 결혼해서 살아가는 것이 그리 이상한 일이 아니다. 더 심한 경우는 연애할 때부터 이미 조건을 갖춘 남자에 한정시켜 교제하는 경우도 많다. 연애는 자유롭게 대상을 바꿔가며 선택할 수 있지만 결혼은 조건 따라 찾아가는 것이 이미 여성들의 담화 속에 굳어져 버렸다. 그래서 꿋꿋하게 어려움을 이겨내고 가난한 집 장손과 결혼한 여자 친구에 대해서는 연민을 느낀다. 하지만 재력가와 결혼한 여자 이야기를 들으면 질투와 부러움이 대화 속에 녹아든다.

연애와 결혼을 분리하는 것이 이렇듯 요즘 가치관이지만 연애와 결혼이 공유하는 성격도 있다. 바로 돈 관계이다. '연애는 지금 자기 주머니에 돈 있는 사람과 하고 결혼은 앞으로도 계속 돈이 있을 사람과 하라'라는 것이 그것이다. 엄청난 표어다. 이 표어를 가슴에 품고 살아가는 여성이 많을수록 남성은 점점 스스로 조건을 높이기 위해 위세와 재력만을 쫓게 될 것이다. 그래서 이미 남성에게는 지위지향성 성격이, 여성에게는 보호지향성 성격이 스스로 알지 못하는 사이에 상습화됐다. 현대의 결혼 유형은 말이 자유연애이지 많은 부분이 '정략결혼'의 성격을 가진 셈이다. 자유연애 시대에도 홍등가가 붐비는 이유는 이렇듯 현대 결혼 형태를 뒤집어 생각해볼 때 이해가 가능해진다.

매춘이 현대에 들어와서도 계속 광범하게 존재하는 세 번째 이유는 대중매체와 관련 있는 변태 성욕자들이 늘어난다는 것이다. 제대로 된 성교육 한 번 받아본 적 없고, 많은 여성과 경험을 갖는 것이 남자답다는 고정관념에 빠진 남성들이, 이제 사회에서 접하는 성교육 교재란 온갖 포르노 부류의 대중매체와 술 문화 속에서 오가는 남성들의 은밀한 대화문화이다. 그 속에서 키워진 변태욕구를 애인이나 아내에게 내놓으려고 하지는 않는다. 스스로 수치스러움을 느끼기 때문이다. 그러나 매춘여성에게는 그렇지 않다. 돈의 위세가 매춘여성을 자기 것처럼 소유할 수 있다는 환상을 심어 주어서 남성 스스로 수치심을 가릴 수 있는 거대한 힘이 생긴다. 그래서 매춘부에게 '쇼'를 강요하는 변태를 서슴없이 저지른다. 더 많은 돈을 지불한다는 것은 더 많은 변태욕구를 발산함을 뜻한다. 그래서 '쇼'를 거부하는 호스티스에게는 양주를 벌주랍시고 맥주 컵에 벌컥벌컥 마시게 강요하는 것은 어찌 보면 변태 성욕자들에게는 자연스러운 일이다. 결국 호스티스가 심장마비로 죽어가도 취기에 '바보 같은 O'이라고 짐승만도 못한 소리를 내는 어느 중소기업 사장의 변태 행각에서 우리는 타락한 남성문화의 극단을 본다. 시골의 노부모와 동생에게 생활비와 학비라며 꼬박꼬박 부치던 그 호스티스의 월급은 오간 데 없이 사라져 버렸지만, 남성들의 변태문화는 여전히 그 뿌리를 거두지 못하고 있다. 그 밖에도 매춘을 증가시키는 다른 사회적 요인을 지적할 수 있다. 만혼이나 이혼경향 그리고 사회이동 등이 현대사회로 오면서 확산되고 있는데, 이것이 매춘 수요를 증가시키는 요인으로 작용하고 있다.

   결혼이 인간의 성적 욕구 해소에 어느 정도 역할을 하고 있다는 것은 아무도 부인하지 않는다. 뒤르켕은 결혼에 대해서 이렇게 피력하고 있다. '인간 특히 남자의 무한한 성적 욕구는 여러 여성에게 무한정하게 향할 수밖에 없다. 결혼은 이렇게 무차별적인 성적 욕구를 한 여성에게 한정시켜 주는 사회적 역할을 한다.'라고 말한다. 그래서 결혼한 남성보다 미혼남성이나 이혼남성이 자살의 가능성이 더 크다고 한다. 미혼, 이혼 남성들은 그들의 성적 욕구를 여러 여자에게로 무한히 뻗치지만 현실적으로 그 욕구를 채우는 것은 불가능하기 때문이다. 뒤르켕은 이렇게 욕망과 현실의 부조화 속에서 생기는 자살을 아노미적 자살이라고 했고, 이런 아노미적 상태가 현대사회의 가장 큰 병폐라고 진단했다.

뒤르켕과 똑같은 논리적 선상에서 보면 현대사회의 만혼화나 이혼율 증가 경향은 남자의 일생에서 성적 욕구를 제한하지 못하는 기간을 늘리는 요인이 된다. 뒤르켕은 그것을 자살의 설명으로 돌렸다. 그러나 만혼화나 이혼율 증가를 매춘이 증가하는 설명틀로 가져올 수도 있다. 미혼, 이혼 남성에게 생겨나는 무차별적 성욕구가 매춘을 통해 발산되는 가능성이 늘어나기 때문이다. 그래서 매춘을 스스로의 성욕구에 맞게 이용하는 돈 많은 남자라면 미혼이나 이혼상태라고 하더라도 자살의 가능성이 높아지지는 않을 것이다. 뒤르켕은 이런 측면을 놓쳤다. 현대사회는 미혼 기간이 길어지고 이혼율이 증가함에 따라 매춘 수요도 증가해 왔다는 것을 증명했던 것이다.

사회이동이 빈번해지는 것도 매춘의 가능성을 높인다. 결혼한 사람이라고 하더라도 이동할 때마다 부인을 옆에 차고 다닐 수는 없다. 때로는 군 입대 때문에, 때로는 전쟁 때문에 때로는 직장 명령 때문에, 때로는 돈벌이 때문에 가정이나 애인을 떠나는 사람들에게는 언제라도 가능성이 있는 매춘부와의 연애가 그들 성욕을 채워 주는 배출구이다.

사연 많은 매춘부의 길

이렇게 매춘은 화폐물신의 자본주의와 전통적인 남성문화에 기대어 커 왔다. 그 방대한 남성군단이 매춘의 수요자로 나섰고 자본주의 사회에서 차별받고 오갈 곳 없는 여성은 갈 길을 못 찾고 방황하다 결국

내려앉는 공간이 몸 팔아 자기 몸을 유지하는 매춘공급자의 길이다. 수요가 있는 곳에 공급이 있다는 자본주의 시장 원리가 모든 사람에게 공평하고 효율적이라는 이상은 매춘시장에서 여지없이 깨져 버린다.

여성을 매춘시장으로 내모는 가장 큰 경로는 가출이나 별거, 이혼 등이다. 대부분이 가족관계의 문제로부터 배출되는 것이다. 그러나 그 경로 때문에 매춘의 원인을 가족 문제로만 돌릴 수는 없다. 여자가 가출하거나 별거하는 것도 매춘의 한 조건이 되지만, 가출하고 이혼한 여자가 왜 매춘을 택하느냐를 가정문제가 설명해 줄 수는 없다. '생계유지를 위해서는 파출부 일을 할 수도 있고, 공장에 취업할 수도 있고, 다른 서비스업에 취직할 수도 있는데 왜 굳이 매춘을 선택하는가?' 하는 문제가 매춘 여성화하는 것과 더 직접적으로 관련된 것이다.

그것은 일단 여자들의 화려함에의 동경 때문이다. 다른 말로 표현하면 이것은 상대적 빈곤감을 자극하는 전략이라고 말할 수 있다. 한국의 룸살롱 포주들도 대개는 이러한 심리를 이용해서 호스티스들을 공급받는다고 한다. 포주의 여성사냥은 나이트클럽이 주 무대이다. 화려함과 놀기를 좋아하는 여자들이 드나드는 곳이기 때문이다. 현란한 불빛 아래서 포주는 저쪽 테이블에 앉아 있는 한 무리의 젊고 야한 여자들에게 술을 갖다 주라고 웨이터에게 시킨다. 의아해하면서도 기분 좋은 그 여자들에게 접근한 포주는 마음껏 들라고 하며 스스로의 화려함을 대화 속에 담아 은근히 자랑한다. 젊고 야한 여자들이 부러워하는 것은 당연하다. 그러고 나서 포주집에까지 여자들을 초대한다. 화려하게 꾸며진 강남의 대형평수 아파트로 말이다. 이제 포주의 분위기에 흠뻑 빠진 여자들에게 포주가 한마디 던진다. "너희들 나랑 같이 일해 볼래?" 하면 십중팔구는 "좋아요." 한다. 실제로 이런 화려함의 추구와는 달리 생계 유지를 위해 매춘에 뛰어드는 여성들 가운데는 전봇대에 붙은 월수입 백만 원, 이백만 원이라는 액수에 혹해서 매춘하는 경우도 많다. 실제로 매춘여성들의 수입이 다른 서비스업 종사자에 비해 높은 것은 사실이다. 서비스업 남녀 전체 평균임금보다도 훨씬 높다. 전체 고용구조에서 여성차별이 존속되는 한 윤락산업으로 흘러드는 여성을 없애기는커녕 줄이기도 어려워질 것이 뻔한 이치이다.

  돈 문제는 그렇다 치고, 한국의 가부장적 가족문화도 여성들을 윤락시장으로 내몰기에 충분한 이유가 있다. 한국 이야기를 하기 전에 여기서 잠깐 그리스 시대의 여성상을 들여다보자. 그리스 여성 특히 부인의 지위는 거의 노예상태나 다름없었다. 부인은 남편의 상속자를 낳는 도구에 불과했고 모든 행동을 통제당했다. 부인이 집 밖으로 나다니다 들키기라도 하면 남편은 혹독하게 부인을 처벌했다. 자기 부인이 다른 남자와 놀아날 때 스스로 상속자를 만들고 유지하기가 어려웠기 때문이었다. 독일의 여성운동가였던 베벨은 이런 그리스의 여성을 "정처는 단순히 애 낳는 도구이며, 집을 지키는 충직한 개에 불과하였다."라고 서술하고 있다. 그런데 남자들은 자기 부인만 그렇게 가정 안에 묶어 놓으려고 했지 다른 여자들에 대해서는 자제를 시키려고 들지 않았다. 그러다 보니 미모와 재능이 뛰어났던 여자들은 결혼하여 노예가 되기보다는 남자들과 가까이 교제할 수 있는 자유로운 생활 쪽을 택하게 되었다. 이들이 바로 사교계에서 명성을 날리는 고급 매춘부의 시초가 된 것이다. 한국으로 치면 황진이 같은 기생들이 바로 이런 남성 중심적 문화에 편입되기를 거부하고 한평생 자유롭게 살아간 여인이라고 할 수 있을 것이다. 어떤 사람은 이들 여성이 억압적인 남성문화에 종속되지 않으려 했던 사실 때문에 여성해방의 싹이라고 한다. 그러나 이들이 만약 저항했다고 하더라도 그것은 어디까지나 개인 차원일 뿐, 그들의 행동 뒤에도 세상이 변한 것은 하나도 없으니 그것은 좀 과장된 평가라고 할 수 있겠다.

그런데 지금의 고급 매춘부들에게서도 이런 기풍을 이어받은 듯한 말들을 많이 듣는다. "내가 왜 한 남자 눈치 보면서 살아야 하니? 결혼해서 살아 봐라, 시댁 눈치 봐야지 집에 틀어박혀 있어야지, 야! 이게 사는 거니? 난 뭐 이 짓을 해도 돈 잘 벌겠다, 재미있게 살고 있는데 이게 더 좋지 않니?" 한다. 실제로 한국의 가부장적 문화 때문에 아직도 한국의 여성은 가정에서 보수적인 남편 등쌀에 기 한 번 제대로 못 펴고 사는 경우가 흔하다. 이런 가부장 문화가 자유로움을 갈구하는 여성을 고급 매춘부로 내모는 데 합리적 이유를 제공해 준다.

물론 그런 생각을 가진 매춘부들도 있다. 남자들은 그런 매춘부들이 많다고 생각하고 매춘부들은 바람기 있는 여성이라고 성급하게 단정 짓는다. 그러나 그것은 오해다. 많은 윤락여성이 매춘을 통해 돈을 벌어서는 결혼하고 싶어 한다. 결혼하려면 혼수자금이라도 있어야 하는데 그 돈을 벌려면 매춘 일이라도 해야 벌 수 있다는 계산이다. 많은 윤락여성이 가부장 문화 때문에 매춘으로 밀려들었지만 여전히 가부장 문화를 수용하면서 그것에 적응하기 위해 살아가고 있는 것이다.

또 다른 매춘의 문제는 매춘부들 대부분이 결코 스스로 판단할 수 있는 능력을 갖추었다고 볼 수 없는 나이에 가련하게도 매춘직업에 빠져든다는 것이다. 여성개발원의 조사에 의하면 한국 윤락여성의 대부분은 가출 경험을 갖고 있으며, 가출한 여성의 가출 당시 평균연령 21.4살이라고 한다. 어린 나이다. 이것은 곧 매춘부가 되는 여성의 문제는 가정문제와 동시에 교육문제를 포함하고 있다는 이야기이다. 낙오자를 방관하는 입시교육, 그 탓에 발붙일 곳 없는 성교육과 가정교육. 학교를 나와서는 정말로 오갈 곳이 없는 아이들. 무책임하게 학교에서 방출한 아이들을 거대한 윤락조직이 그냥 내버려 둘 리가 없다. 윤락조직의 유혹에 아직 감수성 예민하고 순수한 아이들은 그냥 넘어가 버리고 만다. 그래서 그런지 윤락여성들은 오히려 손님보다 더 도덕적이다. 한 남자한테 애정을 주면 쉽게 변하지 않고 번 돈을 다 갖다 주는 순진 형이 윤락여성 중에는 많다고 한다. 그러다 남자를 잃으면 자립의 기회는 더 멀어진다. 그냥 체념한 채 살아간다. 윤락여성 서로 간에 의지하고 경쟁하면서 윤락사회 속에서 스스로의 위치를 찾으며 적응해 가는 것이다.

매춘과 숨바꼭질하는 국가

국가는 매춘을 불법화하고 있다. 그러나 그것은 사문화된 법일 뿐 실제로 사회적으로 매춘은 용인되고 있고 국가도 이를 인정하고 있다. 매춘을 정당화하는 근거도 그럴듯하다. 매춘을 단속하고 억제하면 성폭행이나 강간 같은 성범죄가 증가한다는 것이다. 더 큰 범죄를 막기 위해 매춘을 사회적으로 허락해야 한다는 논리이다. 매춘은 사회의 하수구나 변소로 존재해야 한다는 것이다. 남성의 성욕구를 똥 누고 오줌 싸는 생리처럼 억제할 수 없는 동물적 욕구로 보고 있는 소치이다. 실제로 남성들 가운데 많은 수가 그런 동물이 되어 왔으니까 어쩔 수 없는 건지는 모르겠다.

가끔은 대중들에게 국가에도 도덕성이 있다는 시범을 보이려고 매춘을 단속한다. 그러나 그때마다 익명의 중, 하층 남자들을 상대하는 저급 매춘부들만 희생된다. 이들은 대중들에게 쉽게 알려져 법망에 잘 걸려들기 때문이다. 그래서 이들은 국가에 불만이 많다. 포주나 폭력배 같은 조직을 처벌하기보다는 몸을 파는 매춘부들을 규제대상으로 삼으니 답답하기 짝이 없다. 매춘부의 몸뚱이가 무슨 죄인가. 이들 정부의 규제나 단속을 거부하고 공창제나 자치제를 요구하는 것은 당연하다.

그런데 특정한 몇 사람과 개인적으로 관계를 갖는 고급 매춘부들은 국가의 통제권 밖에 있다. 그래서 오히려 무서운 매춘은 이들 고급 매춘부들에 의해서 이루어질 가능성이 많다. 주고받는 화대도 엄청나고 지하거래나 탈세도 엄청나서 국가 경제를 좀먹고 있다. 국가의 보건검역도 벗어나 있기 때문에 보건 검사를 하는 것도 불가능하다. 어설픈 단속에 그나마 먹고살려고 매춘하는 여성들의 밥줄만 위협하는 꼴이 되기 일쑤이다. 성매매방지특별법이 시행된 지 오래이지만, 이는 성매매의 형태를 더욱 음성적이고 교묘하게 발달시켰을 뿐이다.

그러므로 매춘의 병폐를 줄이기 위해서는 단속 같은 강제적 방법이 아닌 다른 사회적 방법을 동원해서 치유해야 한다. 여성들이 마땅히 일할 곳이 없고 업종 간에 임금차별이 심한 상태에서 윤락여성이 줄어들 것이라고 기대하기는 어렵다. 장기적으로 보면 여성고용의 양과 질을 향상시키는 등 사회적인 여성차별을 완화하는 것이 절대적으로 필요하다. 국가도 음성저 상태 속에서의 단속이 아니라 공식화를 통한 계도의 차원으로 윤락여성을 대해야 한다. 윤락여성 자체의 문제를 공식화시켜서 일반 시민이 모두 윤락산업에 대한 규제와 감시를 할 수 있는 조건을 조성해 내는 노력이 시급히 국가가 앞장서서 할 일이다. 물론 그렇게 한다고 해도 매춘을 완전히 없앨 수는 없다. 그렇지만 적어도 환경에 의해서 또는 비자발적으로 윤락에 빠지는 매춘부의 수를 줄이는 데는 크게 이바지할 수 있음은 두말할 나위가 없다.

인간의 가장 고귀한 부분인 성을 단지 화폐 때문에 타락시키는 매춘은 없어져야 마땅하다. 그러기 위해서는 무엇보다도 매춘을 습기 차고 어두운 구석에서 양지바르고 공개된 장소로 끌어내야 한다. 그래서 남성과 여성이 얼마나 많은 오해 속에서 수치스럽게 살아왔는가를 생각할 수 있도록 많은 말이 오고 가야 한다.

한국의 성문화에 큰 파고를 안겨 주었던 여조교 성희롱 재판에서 우리는 그 무성한 말들을 보았다. 남성지배에 상습화된 남자들은 침묵하거나 때로는 그 사건을 희화화시켜 남녀 간 인과관계까지 왜곡시키려 했지만, 결국 이야기는 정당한 남녀 관계를 순수한 상호간의 성 존중이라는 차원까지 끌어 올렸다. 그렇게 해서 성희롱 당했던 그 여조교는 적어도 개인적인 차원에서는 사회적인 정당성을 획득한 셈이다.

성희롱 당했던 한 여자에 대한 관심이 단지 돈 때문에 집단적으로 성희롱 당하고 있는 윤락여성들을 향해 가는 것은 어찌 보면 당연한 차례이다. 그러나 아무도 성희롱과 매춘을 연결해서 생각하려 들지 않는다. 여전히 윤락 여성들에 대해서는 "그들이 원해서 선택한 거니까"라는 고정관념에서 벗어나지 못하고 있는 것이다. 여직원을 성희롱했던 상사가 가진 "나는 그 직원이 내 행동을 좋아할 줄 알았는데" 하는 측은한 몽상과 하나도 다르지 않은 데도 말이다.

열세 번째 이야기 한국의 노동자 상태

경영혁신, 직장인의 고뇌

　최근 이례적으로 기업혁명을 주제로 한 책들이 베스트셀러로 등장했다. 이것은 그만큼 경제가 어렵다는 것을 보여 주는 동시에 그 변화가 어떻게 일어날 것이고 어떻게 적응해야 하는가 하는 물음이 직장인들의 당면 문제임을 실감케 하고 있다. 여하튼 그 정도로 현재 회사의 조직개편과 경영혁신은 직장인들에게는 발등의 불인 셈이다.
　이러한 일련의 경영혁신이 가지고 있는 공통점은 바로 권한의 하부이양이라는 분권화를 강조하는 것이다. 기존의 수직적인 관료제 조직을 업무에 따라 수평적으로 조직하는 매트릭스 조직으로 바꾸어 가자는 이런 발상은 무엇보다 기업이 변화하는 외부환경에 적응하기 위한 고육지책이었다. 공급은 과잉인데 수요는 없는 시장 상황이 계속된다면 이제 기업이 해야 할 가장 큰일은 수요를 새롭게 창출해 내는 일이다. 수요창출을 위해서는 무엇보다 다양하고 질 높은 상품, 더 만족스러운 서비스를 통해 고객의 욕구를 자극해야 한다. 이를 위해서는 고객 중심의 업무 패턴으로 바뀌어야 하고, 이것 때문에 기존의 하향식 관료제에서 탈피하여 고객과 업무 중심의 '프로세스'를 단위로 수평적인 조직이 짜여야 한다. 이제 업무과정은 한 팀이 한 상품의 계획과 설계부터 생산과 판매까지 전 과정을 총괄하게 된다. 한 팀이 하나의 회사가 되는 셈이다. 한 회사 내에 또 다른 소회사들이 독자적으로 서로 경쟁하며 이윤 따내기를 해내는 것이다. 이러한 업무를 기존의 업무지식으로 수행하는 것은 불가능하다. 이러한 경영혁신에 미리 대비하기 위해서는 책도 사서 읽어 보고 광범위한 업무 지식과 어학 실력도 갖추어 놓아야 한다.

조직개편의 더운 바람

그러나 분권화 같은 경영혁신이 반드시 업무의 질을 상승시키는 것만은 아니다. 물론 다양한 수요변화에 대응하기 위하여 다양한 지식과 조직 술도 많이 익혀 스스로를 유동화시킬 수 있어야 생존하는 것이 가능하다. 그런데 경영혁신은 조직의 변화뿐 아니라 자동화의 증대를 통한 인원 감축도 포괄하고 있다. 은행이 고객 확보를 위해 팀제 운영을 하면서 이윤을 노동자의 노하우에 점점 더 의존하는 것 같은데, 다른 한쪽에서는 은행 자동화 기계를 들여와 인원감축을 병행한다. 현금 세는 기계도 들어오고 온라인 시스템도 가동되면서 입출금 체크의 잡일이 없어져 은행원들이 업무에 만족하고 있는 사이에, 이제 몇몇 사람은 잘리고 후배사원 수는 확 줄어들어 있다. 자동화가 덜 진척된 청소부 수만 그대로 유지되고 있을 뿐이다.

 결국 경영혁신을 넓게 보면 업무숙련이 상승한 사람들에 비해 주변적인 일을 하는 탈 숙련 직종의 비율이 더 높아진다. 그리고 분권화되어 권한이 강화된다 하더라도 그 팀의 업무결과에 따라 등급이 매겨진다. 분권화된다 해도 최종권한은 없는 셈이다. 지휘권만 있지 발포권은 없는 장성과 비슷한 처지이다. 오히려 기대한 업무성과에 미치지 못할 때는 낙오를 각오해야 한다. 그래서 분권화 전략의 선봉에 선 대기업의 부장급들은 '권한은 없고 책임만 가중되는 것이 현실'이고 언제 대기발령이 날지 모르는 불안 속에서 힘겨워한다.

능력에 따른 월급

 경영혁신이 임금체계에도 일대 혁신을 가하고 있다. 분권화되고 각 팀 간 경쟁이 정착되면 나이를 먹을수록 월급이 올라가는 연공급은 별 의미가 없어진다. 자신과 자신의 팀 성과는 그대로 월급으로 평가되기 때문이다. 원래 연공급의 근거는 회사에서의 근속경험이 업무숙련도를 상승시킨다는 것과 나이가 들수록 생계비가 커진다는 두 가지 축에 있었다. 회사 측에서는 주로 전자의 측면을 부각시켜 연공급을 유지해

왔다고 할 수 있다. 이러한 연공급은 근속연수에 따른 진급과 위계관계를 정당화시킨다. 그러나 시장환경과 기업구조가 수시로 바뀌어 가면서 기존의 위계적 업무구조는 제 효과를 발휘하지 못하게 된다. 그때그때 변하는 상황에 대처해야 하고 새로운 작업방식에 빨리 익숙해져야 하기 때문에 재교육 능력이 업무능력을 결정하는 중요한 요소가 되는 것이다. 이럴 때 나이를 먹는 것이 오히려 육체적, 정신적 능력을 쇠약하게 해 외부환경에 적응하지 못하는 쪽으로 받아들여진다. 즉 연공이 곧 숙련상승이라는 등식이 깨지고, 능력에 따른 임금지급 방식의 근거가 새롭게 생기는 것이다. 현재 일본의 노동자 평균임금은 45세 전후로 하향 곡선을 그리고 있다. 이러한 현상은 45세 전후를 업무능력이 저하되는 시기로 평가하기 때문이다. 회사로서는 자녀양육부담이 어느 정도 줄어든 장년층 사원에게 새로운 업무능력에 대한 평가를 통해, 그들에게 돌아가는 임금증대를 막아 임금비용을 줄인다.

이제 기업 측에서는 분권화와 능력주의 인사관리를 통해 노동시간 개념도 필요 없게 되었다고 역설한다. 각 개인과 팀에 할당된 업무가 노동량을 말해줄 뿐이다. 능력 있는 사람은 빨리 끝낼 수 있고, 능력 없는 사람은 밤늦게까지 일 처리를 해야 하니까, 노동시간도 각자의 능력에 따라 차이가 난다는 것이다. 그러나 할당업무와 성과를 달성하지 않는 이상 그 팀은 모두 도태되기 때문에 밤을 새워서라도 업무달성에 성공해야 하는 것이 현실이다.

제조업에는 소사장제라는 경영조직이 있다. 기계 한 대씩을 노동자에게 떼어주고는 거기서 나오는 생산량을 공장주와 노동자가 나눠 갖는 방식이다. 노동자가 소사장이 되는 셈이다. 이 소사장제는 사무직의 분권화 전략과 비슷한 면모가 있다. 그런데 소사장제가 시행되자 기계 한 대에 이제 노동자가 장시간 일할 뿐 아니라 그 가족까지 기계에 매달렸다. 과연 이것을 어떻게 평가해야 하는가. 돈을 벌겠다는 일념으로 과로하는 노동자와 다른 쪽에서 보면 노동강도가 크게 증대한 상황이 공존하고 있는 것이다. 마찬가지로 사무직의 분권화와 능력주의도 노동자 책임 아래 업무를 증대시킨다. 하지만 다른 한편으로 노동시간과 노동강도는 늘어나기만 했지 줄어들지는 않는다. 결국 분권화나 소사장제, 능력주의 같은 조치들은 임금 같은 돈 문제만 빼고 보면 노동자들을 더 못살게 구는 비인간적 전략들이라고 불러야 할 것이다.

물론 기업들은 이런 주장에 승복하지 않는다. 능력주의적인 인사관리는 신세대층 노동자들이 오히려 더 선호한다는 것이다. 지금까지 회사의 고질병 같았던 연줄에 의한 진급이나 회사 내의 비효율적인 권위주의를 타파할 수 있다는 것이다. 또한 능력에 의한 임금지급을 통해 자기 업무에 대한 정당한 평가를 받을 수 있다고 한다. 그러나 이것도 어쩌면 그럴듯한 말로 끝날지 모른다. 능력에 따른 정당한 임금이 어떻게 책정되느냐 하는 각론에 들어가면 너무 많은 문제에 봉착한다. 우선 생산성 증가에 따른 성과 분을 어떻게 평가할 것인가 하는 문제(매출액이냐 순이익이냐 등)가 분쟁의 불씨로 남는다. 또 각 개인의 성과를 평가하는 인사고과 제도도 문제다. 만약 인사고과를 상급자가 평가한다면 근본적인 업무성격의 변화가 없고서는 상급자에게 인간적으로 그리고 업무상으로 더욱 종속될 것이기 때문이다. 그러므로 "능력주의적 인사제도 도입이 근로자의 자율성을 높이고 상하관계의 종속을 탈피할 수 있다."라는 주장들은 몇 가지 전제가 빠진 채 진행되는 것이다. 인사고과의 전면적

개선이나 상명하달식 조직방식이 바뀌지 않는 이상, 능력주의 인사관리는 그 폐해가 더 크게 나타날 것처럼 보인다. 그러나 더 큰 문제는 이러한 능력주의 인사관리 속에 임금은 이미 인간의 생계를 위한 생활급이 아니라 업무평가의 척도로만 취급되어 기업의 임금체계가 더욱 비인간화되고 있다는 것이다.

경영혁신의 선봉장 S 기업

경영혁신을 선구적으로 이끌고 과감한 인력정책을 수립한 S 기업에 대한 관심이 지금까지도 지대하다. 그 성과가 어떨지 주의 깊게 지켜본 세간의 눈도 많다. '신화'를 만들어 낸 이 기업 성공 여부가 노동자들에게 커다란 관심거리가 되는 것은 이상한 일이 아니다. 물론 부정적인 평가와 긍정적인 평가 양자가 대등하지만, 아직은 그 개척자적 정신 때문에 쉽게 포기하지 않을 듯하다. 이런 추세가 할당량을 완수해야 하고 그 때문에 노동시간의 압박에 시달리는 노동자들에게는 얼마간 동경의 대상이 되는 듯하다.

그러나 이러한 노동자에 대한 조직혁신도 기업의 전체적인 경영혁신 구도 속에서 볼 필요가 있다. S 기업이 내세워왔던 경영혁신의 중요한 요소들은 인적자원, 복합화, 분권화라는 세 가지 신조이다. 이 기업이 인적자원의 중요성을 내세우는 이유는 점차 경제가 국제화하고 시장환경이 급변함에 따라 여기에 적응할 수 있는 지식과 숙련을 배양하기 위함이라고 밝히고 있다. 게리 베커나 라이시가 주장했듯이 21세기는 인적 자본의 시대라는 말에 적극 부응하고 있다. 앞으로의 경제에서는 기업의 국적보다는 각 기업의 지식과 정보가 중요하고, 이것을 담당할 창조적인 인적 능력을 키우는 것이 기업에나 직장인에게나 가장 시급한 일이다. 그러나 만약 '조금이라도 그 기준에 미치지 못한다면 어떻게 될까?' 하는 반대의 질문에는 오히려 더 가혹하다. 생존경쟁에서 패배한 자는 가차 없이 추방하는 승부사의 세계가 나타나는 것이다.

우리는 인적 자본을 중시하는 이 기업이 동시에 대대적인 사업 구조 조정을 병행하고 있음을 주목할 필요가 있다. S 물산의 사업구조 조정은 권위적인 위계조직을 타파하고 대신 팀별 조직을 강화함과 동시에 사내 도산제를 도입하고 있다. 저수익 부서는 사내에서 도산시키고, 정리, 재배치하겠다는 것이다. 실제 정리, 재배치란 말이 그럴듯하지 개인에게는 해고효력과 다름없다. 이러한 사내 도산제를 위해 인사고과가 강화되고 성과급 제도가 도입되고 있다. 권위적인 위계조직이 타파되었다고 좋아하자마자 사내 도산제를 통해 사내 경쟁 시스템을 작동시키는 것이다.

직장인들의 긴장도 한층 깊어진다. 오후 4시에 퇴근하는 기쁨도 잠깐, 이내 무거운 어깨를 짊어진 채 곧장 컴퓨터 학원, 어학 학원으로 총총 발걸음을 옮긴다. 스스로 경쟁력을 갖추도록 자기 교육의 필요성을 느끼게 한 회사의 조직은 강제수단을 쓰지 않고도 직장인의 일상생활을 기업경쟁력에 잘 맞추도록 했다. 이런 자신감에서 회사는 4시 퇴근을 자신 있게 강행하고 있는 셈이다. 이제 이 회사 사원은 다른 회사원과 비교해 우월감을 가질지는 몰라도 스스로의 한가로움은 사라져 버린 것이 현실이다. 4시 이후의 직장인 생활은 여가시간이 아니라 생산성을 위한 자기개발의 시간이기 때문에 노동시간 단축으로부터 얻은 시간은 교육재투자를 위한 경직된 시간으로 변한다. 이제 여가시간은 동료들과의 회합보다 개인적인 활동이 주류를 이룬다.

여기에 S 기업의 '복합화'라는 경영혁신 신조의 본질이 드러난다. 복합화란 생산에 관련된 기업의 물류동선부터 직장인의 활동 동선이 가장 효과적으로 낭비 없이 운용될 수 있는 개념이다. 그래서 일종의 시너지(synergy) 효과를 기대할 수도 있다. 그러나 복합화의 기저에는 개인활동의 낭비적 속성을 막자는 데 초점이 있다. 집과 회사, 연결공정과 부서, 심지어 이발소와 목욕탕, 여가시설까지 한 복합공간 내에 위치시켜서 인간활동의 낭비를 없애자는 것이다. 물론 그 낭비란 인간이 아닌 기업 쪽 시각에서 본 낭비이지만.

이제 시간 낭비를 없애자는 시테크 전략이 복합화를 통하면 노동자의 일상생활까지 지배하여 엄청난 생산효과를 올릴 수 있게 되는 것이다. 이러한 복합화가 이루어져 생산성 증대의 중요한 효과를 인정받으면, 이제 노동자의 여가나 사적 활동은 언제 어디서든지 통제가 가능하다. 그리고 이러한 경우 회사 의도대로 출퇴근 시간은 무의미해진다. 주머니에만 있던 휴대폰이 이제 공룡처럼 거대해져 사람을 차고 다니는 형국이 되었다.

결국 S 기업의 경영혁신 의도도 기업이라는 생산집단의 틀에서 가장 효과적인 방법의 하나로 등장한 것이지 그것이 휴머니즘에 기초해 있다고 보는 것은 너무 애처롭기까지 하다. 이 기업은 비노조 기업을 성역으로 보존하려는 전통을 갖고 있다. 노동자 집단의 이성에 대한 불신이 근본적으로 깔려 있는 것이다. 여기에서 볼 수 있듯이, 근로자는 항상

기업으로부터 감시받고 인도받아야 한다는 대전제를 경영혁신 과정에서 다시 한 번 확인할 수 있을 뿐이다.

경영혁신과 실업의 위협

최근의 경영혁신이 작업장 측면에서 권위주의가 타파될 것이라고 하는 긍정적인 면도 있다. 하지만 노동자 생활이라는 측면에서 보자면, 해고위협에 기초한 경쟁의 강화가 그 본질적인 측면이라고 할 수 있다. 제조업에서의 자동화와 사무 전문직에서의 감량경영 등 경영혁신이 실업문제를 직장인의 당면문제로 만들고 있는 것이다. 인력배출에만 관심이 있는 기업단위에서는 실업문제가 해결 불가능하다. 그래서 실업문제는 사회문제로 비화될 수밖에 없다. 그러나 이 사회 문제화된 실업문제는 다시 기업 내의 노동자 의식을 지배한다. 잘못하다간 언제 잘릴지 모른다는 것을 그 많은 실업자에게서 확인받고 있는 셈이다. 더러워도 열심히 일해야 한다.

실업문제는 이렇듯 실업자나 주변 노동자층뿐만 아니라 안정된 숙련성과 직장을 가진 핵심 노동자들에게까지 영향을 준다. 그러나 이런 실업의 위협이 꼭 노동자들이 기업에 복종하도록 만들어 생산증대에 도움이 되는 것만은 아니다. 실업문제는 작업장 내부의 불안정과 불안을 확신시키기도 한다. 이런 분위기가 업무 효율에 도움을 주기는커녕 장기적으로는 업무 효율을 떨어뜨린다. 그래서 서구에서는 실업문제 해결을 위해 다시 성장전략을 채택해보려 하지만 이미 감량경영에 익숙해진

기업 측으로서는 성장 중심 전략으로 선회하려 하지 않는다. 물론 성장을 한다고 해도 극소전자 자동화에 따른 인력감소 효과로 이전만큼의 고용 흡수력이 생기지도 않는다.

또한 성장으로 고용증대가 이루어진다고 해도 고용의 질이 문제이다. 사회 간접자본 투자로 고용창출이 된다고 해도 이것은 주로 탈 숙련되고 주변적인 업무만을 늘려 놓기 일쑤이다. 미국의 레이건 정부 후반에 고용창출을 위해 야심적인 성장전략을 추진했지만 기껏 늘어난 것은 청소부들이었다고 어느 경제학자가 비꼬기도 했으니까. 이렇게 고용증대가 탈 숙련 주변 징조에만 두드러질 경우, 실업문제의 중추인 화이트칼라 실업이나 고학력 실업 같은 고용 문제는 점점 더 풀기가 어려워진다. 이미 우리나라도 고학력 실업이 실업문제의 핵심으로 등장했듯이, 이제 단순히 성장전략으로만 고용문제를 해결하는 단계는 지났다.

이러한 경영조건과 고용사정들은 노동운동에서 보수성과 전투성이라는 양극단을 동시에 보여 준다. 경쟁력에 종속된 기업입장에서 보면 노조 대표들도 '회사의 경영을 알고 보니 타협이 필요했다.'라고 토로한다. 회사가 잘 돼야 자신의 고용도 보장받을 수 있다는 현실적인 판단이다. 다른 한편으로 언제 해고당할지 모르는 불안감 속에서 고용안정을 명시적으로 보장하라는 주장을 적극적으로 펴기도 한다. 이것 또한 지속적인 임금으로 생활 보장을 받으려는 노동자의 현실적인 입장이다. 이런 두 양극단 사이에서 노동운동의 전략과 갈등이 생겨난다. 그러나 현재 서구의 경우 실업 문제는 이미 정권을 위협할 정도로 엄청난 사회 문제가 되었다. 실업문제로 인해 보수정당이 불안정해지면서 몰락한 줄만 알았던 사회주의 정당이 다시 주목되고 있는 실정이다.

그러나 아직 우리나라는 실업문제를 경영문제나 사회문제와 연결시킬 기미조차 보이지 않는다. 물론 여기에는 실업문제를 고의적으로 축소하거나 개인의 능력 탓으로 돌리는 언론의 역할이 지대하다. 제대로 된 실업통계조차 없으니까 완전고용 상태라고 해도 누구 하나 뭐라 말할 사람이 없다. 이러니 언론이 판치는 것이 당연할지 모른다. 그러나 우리 주위의 체감 실업률은 엄청나다. 대학을 나와서도 집에서 놀며 여기저기 사업한답시고 돌아다니는 고등실업자들이 허다하게 눈에 띈다. 이들에게 부모는 능력 없는 놈이라고 아쉬운 말만 하고, 고등실업자는 배경 하나 없는 집안을 한탄한다. 취직하고 돈 벌고 싶어도 마땅한 자리가 없어 허울 좋은 '전업주부'란 딱지를 붙인 주부도 많다. 이들에게는 그냥 여자니까 일없어 집안일로 때운다는 핑계가 있다. 그런 사연들 때문에 체감실업률은 높지만 그 체감 실업률이 사회문제화 되지는 않는다. 모두 개인적인 원인으로 돌릴 수 있는 여지가 너무 많기 때문이다.

주부 같은 비경제활동 인구 가운데 숨어 있는 실업인구를 제대로 집어낸다면, 그리고 기업 내 실업, 청년층 실업이 제대로 잡히기만 한다면 우리나라 실업률이 10%대에 육박할 것이란 주장은 그래서 설득력이 있다. 특히 우리나라의 경우도 최근 실업동향이 화이트칼라 실업과 고학력 실업화해 가고 있는 특징을 보여준다. 실업동향도 고학력 고실업으로 서구화되고 있는 것이다. 그러나 이에 대한 정부의 대응은 너무 미진하다. 물론 고용보험제 등을 시행하여 실업문제에 대처하겠다는 노력도 있지만 앞으로 시행될 고용보험제의 경우, 그 구체적인 내용은 전체 실업인구에게 실질적인 도움이 되기보다는 산업간 인력수급을 위한 장치에 더 초점을 맞추고 있는 듯하다. 고용보험제가 시행되면 자발적인 실업자나 오랫동안 구직하는 실업자에게는 실업보험금이 지급되지 않는다. 그렇기 때문에 자기 성격에 맞지 않는 일이라도 자리만 비키면 빨리 들어가 일해야 한다. 그래서 고용보험제는 산업간 인력수급에 큰 도움이 되는 것이다.

이렇듯 현 정부는 절대적인 인력과잉이라기보다는 산업간 인력수급의 불균형 차원에서 실업문제에 접근하고 있다. 이런 시각에서는 실업문제가 심각해질 이유가 없다. 단지 성장을 통한 지속적인 인력흡수만 되면 앞으로의 실업도 별로 큰 문제가 되지 않는다. 정부가 실업문제를 외면하고 성장전략에 치우치는 원인도 이런 배경에 근거하고 있다.

경영혁신과 국가 그리고 나

기업규제 완화정책을 시행하면 국가의 간섭이 줄어든다고 해서 모든 기업이 혜택을 입는 것은 아니다. 대기업이야 국가의 간섭이 경제외적 요소로서는 가장 큰 장애였기 때문에 국가간섭의 감소가 대기업의 자율적 경영혁신에 박차를 가하는 계기가 되었다. 그러나 중소기업의 입장에서 보면 국가보다는 오히려 대기업이라는 또 다른 기업이 기업 자율성을 침해하는 더 큰 요소가 된다. 대기업이 독과점시장을 강화한다든지 또는 중소기업 고유업종을 침범하는 것들이 그 대표적인 예들이다. 그래서 만약 대기업이 마음대로 할 수 있는 여지가 더 많아진다면 대기업의 자율성이야 증진되겠지만 반대로 중소기업에게는 불리해지는 딜레마가 있다. 물론 공정거래법 등이 대기업을 견제하지만 정부정책에

앞서 가지는 못하는 것이 사실이다.

이러한 기업구조가 그대로 방치된 채 국가의 기업규제 완화가 이루어진다면 이제 시장은 대기업이 힘쓰기 좋은 상황이 연출된다. 물론 대기업은 국가규제가 줄어들었다 하더라도 어떤 형태의 국가간섭이든 여전히 비판하고 나서지만 말이다. 그러나 전 세계의 경제가 다품종 소량생산의 기술혁신 위주로 생산되고 있지만, 이런 생산체제에 알맞은 경쟁력 있는 중소기업은 이제 행정규제 완화로 힘이 세진 대기업 탓에 점점 설 땅을 잃고 있을지 모른다. 이제 중소기업은 이전만큼의 안정을 달성하지 못하고 도산이 잦아진다. 물론 행정규제 완화의 분위기를 업고 중소기업의 창업도 그만큼 늘어난다. 그러나 결과적으로는 중소기업의 흥망과 부침이 이전보다 훨씬 자주 일어날 뿐이다. 중소기업의 숫자와 임금 수준은 점점 향상되는 듯한데 중소기업 노동자들이 더 불안정해지는 이유도 바로 이러한 경제구조에 그 근원을 두고 있는 것이다.

기업은 노동력의 사용가치가 떨어져 버리면 언제든지 폐기처분할 준비가 되어 있다. 그리고 국가도 이제 문제해결자로 자원해서 나서지 않고 있다. 기업자율의 일에는 노동법도 별반 큰 효과를 발휘하지 못한다. 이렇게 되면 이제 대기업에 소속된 노동자라 하더라도 업무가 뒤처지고, 주변부서에 소속되어있는 사람에서부터 고용상태가 불안정한 중소기업 노동자까지 생활의 불안정이 그들 일상을 지배한다. 스트레스를 풀어야 할 시간도 방심해서는 안 된다. 누군들 스트레스를 그대로 두고 싶겠는가. 그러나 이 사회를 아무리 둘러봐도 자기를 위해 희생해 주는 자기편은 점점 사라져 간다.

자신이 위로 오르기 위해서는 이제 어쩔 수 없이 자신도 남을 밟고

서야 한다. 애벌레 산의 애벌레들처럼 말이다. '정상에 오르면 무언가 날 기다리겠지.' 하고 기를 쓰고 애벌레들을 밟아 오르지만 그 높은 정상에서 기다리는 것은 다시 밑에서 치솟아 올라오는 애벌레들뿐. 나비가 되지 못한 애벌레들이 그 한과 열등감을 애벌레 산의 싸움과 경쟁으로 발산하듯이, 보통 인간들도 출세라는 거대한 피라미드 산속에서 경쟁의 기쁨과 슬픔을 맛보며 정상의 허상만을 바라고 살아가는 듯하다. 인간다운 삶을 살아 보겠다는 외침들 속에서 과연 우리는 애벌레로 타락하지 않는 인간의 지혜를 다시 볼 수 있을까.

열네 번째 이야기 　환경문제 읽기

후손에게 빌려 쓰는 땅

　공룡은 왜 지구에서 사라졌을까. 모든 생물체 가운데 가장 힘이 세고 지능도 뛰어났다는 공룡이 왜 어느 날 갑자기 사라졌을까. 「쥬라기 공원」에서 가졌던 의문은 이제 그 소설이 대중적으로 성공하면서 우리도 한 번쯤은 가져 봄 직한 의문이 되었다. 혜성과의 충돌이 이들을 멸종시켰다는 일설이 있고, 공룡이 번식하면서 그 거대한 몸집과 군락을 유지하기 위한 먹이가 지구상에서 무한할 리도 없었고 그 탓에 서로 싸움질하다 스스로 무덤들을 팠다는 설도 있다. 그 큰 몸집을 유지할 만한 산소의 양이 부족해져 모두 죽어 버렸다는 설도 있다. 여러 학설이 설왕설래한다.

그러나 만물의 영장이고 명실공히 지구상의 지배자로 군림하는 인간들도 언젠가는 공룡처럼 그들 '몸집'에 못 이겨 지구상에서 발붙일 곳이 없어지는 운명을 맞지는 않을까. 우리는 인간들 사회의 환경문제를 통해 예고된 운명에 적응하고 있는지도 모른다. 한낱 희망이라고 할 수 있는 것은 인간은 적어도 환경오염이 우리 인간종족의 멸종을 자초할 것이라는 점을 어렴풋이 알고 있다는 사실뿐이다.

인류가 지구상에 생존한 것은 겨우 6백만 년 전이다. 지구가 생겨난 것이 2,000억 년 전이라면 인류가 지구에 발 딛고 산 것은 지금까지의 지구 일생 중 몇천 분의 1에도 미치지 못한다. 그렇다면 그 오랜 세월을 생명으로 존재하지 못하다가 어떻게 인류는 태어났을까. 인류가 생기기 전 지구에는 오존층이 없었고, 그래서 자외선과 적외선이 지구 대기에 무차별적으로 쬐고 있었다. 태양과 직접 맞닥뜨리고선 인류가 생존할 가능성이란 없었다. 생물은 오직 적외선을 차단시킬 수 있는 바닷속에서만 살 수 있었다. 바다 생물들이 만들어 낸 산소와 증발된 바닷물이 지구 대기에 오존층을 만들면서 비로소 지구 땅 위에 생물의 터전이 만들어지기 시작했다. 인간이 '신성하게' 태어나는 조건이 만들어진 것이다.

여호와가 알면 호통을 칠 이런 가설은 이미 인류 탄생의 한 전제로 알려져 있다. 실로 오존은 공기처럼 인류생존에 필요한 무형물이다. 그리고 오존은 인간이 아닌 다른 인간 선조인 어떤 생물들의 무수한 노력을 받아 탄생했다. 인간은 생물들의 노력 덕택으로 지금껏 문명을 발달시켜 뭇 짐승의 제왕이 된 셈이다.

그런데 이제 인간이 만든 CFC(염화불화탄소)란 놈이 오존 파괴의 주범이 되고 있다. 문명의 이기에 첨단으로 나선 CFC가 인류의 편안함과 뭇 생물의 생존을 뒤바꾸고 있는 것이다. 선조로부터 받은 생존의 터전에 오만한 지성으로 스스로 무덤을 파는 꼴이 되고 만다. 한없는 편안함과 쾌락의 추구가 인간을 종말로 내몬다는 교의는 윤리 교과서에만 있는 것이 아니다. 오존층의 구멍을 보여 주는 시뮬레이터가 어쩌면 우리 눈앞에서 종말의 미래를 어른거리게 하는 것일지 모른다. 그때는 구조도 역사도 집단의 힘도 모두 허공에 떠도는 먼지만큼의 공간도 차지하지 못한다. 어느 생물체보다도 가장 우수한 생존력을 자랑하는 바퀴벌레 집단이 그때도 살아남아 허무하게 사라져간 인류의 시신을 수습하는 성의를 보인다면 그것만도 다행일까.

환경문제는 삶의 질이나 인간성 문제를 논의하기 이전에 인간생존의 문제이다. 그래서 환경문제는 인류의 시야를 완전히 뒤바꿔 놓았다. 그 잘난 서구가 지금껏 자랑해 온 모든 문명이 결국에는 인간생존을 위협하는 결과를 낳은 것밖에는 안되었다. 실업문제가 서구의 성장주의적 경제정책의 부작용을 보여 주었듯이, 환경문제는 서구적 합리성에 작별을 고한다. 경제적 합리성이 지배한 서구적 이성이 인류의 배반자로 낙인 찍히고, 지붕 한구석에 처박혀 매장을 기다리던 동양적 사고가 환경문제 덕분에 하나의 혁명적 도구로 떠오르게 된 것이다.

환경문제는 현대에 들어서 나타난 문제는 아니다. 18세기에 산업화가 시작되면서 환경문제도 함께 시작되었다. 증기기관의 발명은 환경오염의 서곡이었다. 특히 산업화 초기 영국의 경우 급속한 산업화의 속도만큼이나 환경오염의 정도도 심각해서, 노동자들은 최소한의 안전시설도 갖추지 않은 공장에서 먼지와 유독가스를 마시며 일해야 했다. 노동자들의 주거지역에서도 온갖 노폐물이 쌓여 수시로 전염병이 휩쓸고 지나갔다고 한다. 그래서 당시 공장노동자들의 평균수명은 20~30세에 불과했다.

20세기에 들어서도 1952년 12월에 있었던 영국 런던의 스모그 사건은 유명하다. 총 1만 2,000여 명의 목숨을 앗아간 이 사건에 전 세계인들은 경악했다. 이것은 우리의 경우도 마찬가지이다. 산업화가 시작된 1960~1970년대의 고도성장 시기에 노동자들은 환기도 제대로 되지 않는 작업장에서 숨도 제대로 쉬지 못하며 일했고, 주택들은 정수시설이 제대로 갖추어지지 않아 화장실에 구더기가 들끓었으며, 또 연탄가스 때문에 두통에 시달리거나 심지어는 생명을 잃는 일도 허다했다.

환경문제의 원인과 파급 - 관료제의 위기

일반적으로 고도성장 시기는 배고픔의 치유라는 하나의 목표를 향해 치달리던 시기로, 그에 따르는 희생은 부차적 문제이자 필요악으로 여겨졌다. 환경문제가 전사회적 문제로 부각된 것은, 그런 희생이 부차적이거나 필요악이 아니라 매우 중대하고 광범위한 문제라는 인식이 사람들에게 심어진 데서 비롯된다. 이제 사람들은 감기나 천식 같은 호흡기질환에 걸려도, 기형아 출산과 불임증이 늘어나도, 그것이 모두 환경오염 때문이라고 생각한다.

환경문제는 인류생존의 문제뿐만 아니라 인류 간의 경쟁과 조직상태를 바꾸어 놓는 데에도 큰 영향을 끼쳤다. 그렇다면 언제부터 환경문제는 전 세계적인 문제로 부각되었을까. 아마도 체르노빌 원전 사고에서 그 기원을 찾을 수 있을 듯하다. 체르노빌 원전 사고는 단일사건으로 수십만 명의 희생자를 낸 최대사건임과 동시에, 당시 소련의 관료제 병폐가 집중되면서 장기적으로 옛 소련 붕괴의 시발점이 된 사건이기도 했다. 체르노빌 사고가 가져온 가공할 만한 인명피해에서 환경문제가 어떤 다른 문제보다 심각하다는 것을 뼈저리게 체험했던 것이다. 이것이 유럽에 일대 환경위기를 심어 주었다. 이 사건을 계기로 자본주의를 이끌어가는 국가나 기업도 환경문제를 단지 희생양이나 필요악으로 보는 차원에서 벗어나 적극적으로 대처해야 하는 문제로 인식하기 시작했다.

체르노빌 사고로 인해 전 유럽은 핵위기와 환경위기라는 죽음의 공포에 대항하는 전열을 갖추기 시작했다. 이와 동시에 관료제에 대한 회의가 급속히 확대되었다. 체르노빌 원전사고의 이유를 소련의 관료제가 사고를 막을 만한 효율적인 체제가 되지 못한 데서 찾았기 때문이다. 사고 예방에서는 각 부서의 조직이 서로에게 떠미는 식이었고, 사고 초기에도 사고수습에 대한 책임이 분명하지 못해 상부의 명령을 기다렸던 비효율성이 사고를 더욱 확대시킨 결과를 가져왔다는 것이다. 그래서 체르노빌 원전사고는 관료제에 일대 타격을 가한다.

물론 이전까지는 권위에 바탕을 둔 관료제가 서구의 합리적인 조직형태 가운데 최상의 형태로 인정받았다. 말단까지 하나의 업무를 지시하고 완료하는 데 가장 적절한 조직이었고, 각 위계마다 분산된 감시 통제망이 업무 달성을 위해 가동되었다. 그러나 관료제는 위에서 내려오는 지시에는 가장 적합한 조직일지 모르지만 조직 내의 행위자들에게는 책임감이나 자율성을 배제하는 조직이기도 했다. 그래서 한 조직과 다른 조직이 서로 협력을 필요로 하는 경우 또는 전체 조직과 관련된 일이 개인에게 일어날 경우, 문제가 발생한다. 예를 들어보자. 어떤 한 공장의 자금관리 부서에서 아무 사람에게나 이야기해서 즉석에서 교환하는 것은 관료제 아래에서는 가능하지 않게 되어 있다. 관료제는 각 말단으로의 행동지시가 그 부서의 직속상관으로부터만 전달받아 수행되는 체제이다. 그렇기 때문에 자금관리 부서의 최고 직급자에게 보고가 되고 난 뒤, 다시 자재담당 부서의 최고 직급자에게 자금관리 부서의 최고 직급자가 협조를 요청해야 한다. 그리고 나서야 자재담당 부서의 최고 직급자가 말단에게 자금관리 부서에 책상과 의자 상태를 점검하라는 지시가 떨어지게 된다. 이것이 관료제에서 행해지는 전형적인 의사결정 과정이다.

    주어진 '지시'에는 가장 효율적이고, 그래서 평상시 그들에게 주어진 고정적인 업무를 수행하기에는 감시가 쉬운 관료제가 가장 좋은 조직이 된다. 그러나 만약 예기치 못한 업무나 사고가 발생할 때 이에 대한 적응은 관료제 아래에서는 현격히 떨어질 수밖에 없다. 사람은 아파 죽겠는데 이름과 성명과 주소와 보호자 유무를 먼저 묻고 여기에 대답해야 치료절차가 밟아지는 병원의 답답함을 우리가 느끼듯이, 조직의 업무과정과 상황대처에서도 관료제의 병폐는 어김없이 나타났다. 체르노빌 사고 자체는 원자력발전소의 시설관리에 있어 하자가 발생한다 해도 이를 확인 했던 사람들은 그 발전소의 말단급들이었다. 이들은 자기 소관이 아니고 큰 결함이 아닌 이상 책임을 느끼지 않는다. 최고의 책임자가 현장에서 결함을 확인하지 않고서는 도저히 고칠 수 없는 성질의 것이 되고 말았다. 사고발생 후에도 사고발생 신고조차 최고 책임자에게 보고되지 않았다. 관련 담당자들은 사고의 수습보다는 사고에 대한 변명을 위한 머리 짜내기에 바빴다.

사후처벌을 피하기 위해서였다. 이 때문에 사고수습이 늦어져 체르노빌 사고는 훨씬 더 광범위한 피해를 가져왔던 것이다. 결국 그 당시 소련의 페레스트로이카는 체르노빌 사건으로 큰 전환점을 맞으면서 소련 전통의 기저부터 흔들어 놓기 시작했으며 사회주의 체제가 가져온 권위주의적이고 병영적인 관료제를 무너뜨리는 계기로 작용하게 되었다.

이렇듯 환경문제의 부각은 비단 사회주의 나라의 병영적 관료제라는 정치체제의 문제점을 지적했을 뿐만 아니라, 자본주의 기업과 국가의 관료제에도 물론 영향을 미쳤다. 예기치 못한 위험요인이 현대사회에서 점차 증가하면서 관료제 조직으로는 효과적인 대응에 한계가 있기 때문에, 많은 자본주의 기업들도 관료제를 폐기하고 유동적인 조직으로 이행하고 있다. 수십 년 전까지만 해도 인간사회에서 가장 시급한 문제가 될 거라고 전혀 예상하지 못했던 환경문제가 몇 년 뒤에는 정치체제와 경제 조직까지 뒤흔든 복병이 되고 있다.

이러한 환경문제에서의 관료행정은 우리나라 환경정책에서도 잘 드러난다. 수돗물 파동이 일어나도 상하수도관에 대한 소관이 건설부, 내무부, 상공자원부 등으로 뿔뿔이 흩어져 있다. 일의 신속한 대응이 어려워지는 것은 당연하다. 마찬가지로 예방체계도 허술할 수밖에 없다. 그래서 지금 한국의 환경문제에서도 정부의 비효율적인 관료행정의 문제가 적극 제기되고 있는 것이다. 우리나라의 경우도 1991년 낙동강 페놀 방출 사건을 계기로 하여 환경문제가 기업 경영에 중대한 위협이 될 수 있다는 것을 인식한 기업들이 위기관리 차원에서 환경문제를 대하기 시작했다. 환경문제는 생산만 제일로 생각해서 공장의 연기조차 미화했던

– 우리는 과거에 공장 굴뚝에서 내뿜어지는 연기가 포스터에 등장할 만큼 산업화시대의 공해를 미화했었다. – 행태에 일정한 한계를 긋는다. 환경문제가 더 심각해진다면 자본주의 생산력도 아무런 의미가 없어지기 때문이다. 그래서 1992년 브라질 리우데자네이루에서 열렸던 유엔 환경개발회의(UNCED)는 '환경적으로 건전하고 지속가능한 개발' 이라는 이념을 모토로 내걸어 무분별한 생산지상주의에 제동을 걸었던 것이다. 우리나라 사람들의 주된 관심사는 이제 풍족한 먹을거리에서 건강으로 바뀌었다. 사고 없이 건강하게 사는 것이 가장 중요한 생활목표가 되었고, 건강을 위해서는 소식(小食)과 단식(斷食)도 감수한다. 그만큼 경제적으로 여유 있고 심적으로 풍요로워졌다고 하겠다. 그러나 건강에 대한 집착은 한편으로 새로운 위기를 표현한다. 무엇을 하나 사서 먹더라도 유해성분은 없는지 건강에 해롭지는 않은지 늘 신경을 곤두세워야만 하는 처지가 되었다. 설악산의 신선한 공기와 심산계곡의 맑은 물, 지하 몇백 미터에서 뽑아 올렸다는 암반수 등이 상품으로 등장한 것도 환경오염에 대한 위기의식의 한 단면을 보여준다.

 예전에는 누구나 자유자재로 누릴 수 있었던 맑은 공기와 물이 돈이 있어야 '소유' 할 수 있는 상품으로 변하고 보니, 이제는 구매 능력이 있는 사람만 맑고 위생적인 물과 공기와 환경을 누릴 수 있게 되었다. 오존층 파괴로 인한 지구 온난화 현상도 '없는 사람들' 에게 박탈감을 불러일으킨다. 여름의 불볕더위를 수월히 버티려면 냉방시설이 갖추어진 집과 자동차와 사무실이 있어야 하기 때문이다. 이렇듯 환경오염은 생활 전반에 걸쳐 '있는 사람' 과 '없는 사람' 의 격차를 더욱 확대시켰다.

환경문제의 원인과 파급 – 생산 제일주의의 한계

그러나 이러한 조직상의 변화보다 더욱 큰 파급력을 지녔던 문제는 현대 자본주의 사회의 합리성을 지배했던 '생산성' 개념에 대한 근본적인 이탈이다. 환경문제가 일상의 문제로 부각되면서 사람들은 '좀 더 많은 돈'과 '좀 더 나은 주위환경' 사이에서 갈등하게 된다. 이전에는 생산성 증대를 통한 화폐 취득을 위해 자연을 망치는 것쯤은 그리 대단한 일이 아니었다. 하지만 이제는 비록 그 정도가 만족할 만한 수준은 못되지만, 환경문제 때문에 경제성장과 소득향상을 위한 생산성 증대에 회의와 갈등을 느끼는 정도까지는 도달했다. 그런데 문제는 여기서 발생한다. 이전에는 생산성과 소득분배를 둘러싸고 노사간에 다툼을 벌였던 것이 이제 '돈과 소득을 우선시하는 사람들'과 '환경을 우선시하는 사람들' 사이의 다툼도 생긴다. 노사간의 기존 문제에 환경문제가 덧붙여지면서 기존의 분쟁형태까지 변화된다. 인간세상 문제가 더 골치 아파지고 복잡하게 된 것이다.

예를 하나 들어 보자. 최근 미국의 한 유독물질 취급공장에서 배출된 유독가스와 분진이 지역주민에게 피해를 주자 이 지역 환경보호 단체가 그 공장에 대책을 요구했다. 그러나 공장을 이전하거나 해체하는 것에 고용불안을 느낀 근로자들이 지역 환경보호단체와 대립하게 되고 그 와중에 테러까지 발생했던 사례가 빈번하다. 이러한 예는 현재 우리나라에서도 비일비재하다. 특히 노동조합이 기업에 종속되는 기업주의화하고 동시에 의사결정 권한을 박탈당했을 경우 그리고 기업의 생산제일주의에 합의할 경우, 환경문제와 생산성의 관계는 생산성에 환경문제가 종속되는 형태로 나타난다. 결국 생산주의와 환경문제를 상호접근할 때 그 전제로서 양자의 비례관계를 상정하는 것은 무리가 따른다. 환경보호를 위해서 생산성의 규제도 받아들일 수 있는 제도가 필요한 것이다.

그러나 오염을 배출하는 생산기업이 순순히 따를 리 없다. 그렇다면 생산에 대한 좀 더 근원적인 전환을 생각해 볼 수 있다. 환경오염의 주범인 생산공장을 없애고 경제성장의 중추를 비물질적인 서비스 산업 같은 것으로 대체해 보는 것은 어떨까. 적어도 지저분한 분진이나 폐기물이 생기지 않는 정보 서비스 사회에서는 환경문제가 점차 해결될 듯 보인다. 그러나 서비스 산업이라고 해도 물질적 재화는 수반된다. 서비스 산업을 위한 건물 공간, 그리고 그 많은 컴퓨터와 전자장비, 서류철 등이 모두 재화의 폐기물임을 예고한다. 결국 산업구조를 바꾸는 대안도 현실적인 효과는 있지만 한계 또한 있다.

환경문제의 해결 - 환경기술

그러나 과거는 쉽사리 사라지지 않는다. 환경문제가 생산의 규제를 필요로 한다는 당위성에도 불구하고 서구는 환경문제 또한 경제적인 잣대로 재고 싶어 한다. 환경기술이 그것이다. 이미 우리에게도 환경문제의 해결은 환경기술로 가능하다고 생각하는 경향이 많다. 어마어마한 과학이 환경에도 적용된다면 아마 환경문제는 별문제 아닐 것도 같다. 물론 서구적 사고에 길들여진 전제 위에서 생각한다면 환경기술도 하나의 해결책이다. 그러나 한발 양보해서 환경기술을 끌어들인다 하더라도 그것이 가지고 있는 사회적인 파생은 그리 순수한 환경을 만들지는 못한다.

개발도상국이 진행하는 개발에 대한 선진국의 이중적인 입장을 보면 이것이 잘 드러난다. 예를 들어 아마존 밀림지대가 공업화로 인해 잠식되면서 전 지구의 생태계를 위협하고 있다고 당장에 중단을 촉구하면서도, 공해산업을 제3국에 이전시키고 생물 다양성조약(각국의 토종에 대한 차출과 지배에 대한 보존협약)에는 난색을 보였던 미국 같은 대표적인 선진국이 당장에 환경오염 유발을 원천적으로 제거한다는 것은 기대하기 어렵다. 손해 보는 짓은 절대 못하는 서구적 합리성이 환경제거도 '기술'로 해야 한다고 일장 연설을 하고 환경산업이 수출산업의 핵심 분야로 떠올랐다고 좋아한다. 이미 할리우드식 오락 폭력영화로 서구적 이성의 세계에 길들여진 자신감이 '더 많은 환경오염으로 더 많은 이윤'이라는 환경산업을 통해 더욱 강화된다. 그래서 환경오염은 환경기술로밖에는 해결 가능성이 없다고 선전하고 그래서 아름다운 과거로 돌아가는 것도 쥬라기 공원식의 과학기술밖에 없다는 것을 은연중에 주입시킨다. 전쟁이 터져야 CNN이 한몫 잡는다는 비양심적인 이윤추구 의식이 환경산업의 이윤추구에도 그대로 내재해 있는 것이다.

환경기술의 또 다른 사회적 파급력은 환경제국주의를 강화하는 것뿐 아니라 환경산업의 혜택이 새로운 계급 간 불균등을 가져온다는 것이다. 과거 사람들에게는 비록 굶주림과 굴욕은 있었지만 산에 올라가 들판에 나서서 세상의 풍경을 만끽하고 스스로를 돌아보는 '낭만'이 있었다. 그래서 어느 시인은 새삼스레 공기와 물의 고마움을 읊었고 또 어떤 이는 바위가 되어 세상의 모든 아침을 묵묵히 욕심 없이 살아 보겠노라고 한다. "하나의 태양이 이 넓은 세상을 골고루 비춘다는 사실을 처음인 듯 발견한 어느 날 아침의 기쁨"이라는 시구가 평범한 일상을 살아가는 사람들에게는 무척 감동적이었다. 그러나 우리가 평등하다고 경배했던 자연조차 사람들의 생활과 산업에 이용되었고, 그 결과 환경이 오염되자 자연에 대한 소유욕은 더욱 커졌다. 이제 자연을 소유한 사람과 소유하지 못한 사람 간에 차별화가 생긴다. 오염된 물 때문에 마실 물이 없어지고, 탁한 공기로 신선한 공기 한 번 들이마시지 못하게 되면서, 약수 장사라는 '북청 물장수'가 상상이 아닌 현실에서 판치고, 신선한 공기를 압축 용기에 넣어 산소도 판매하는 시대가 된 것이다. 태양빛조차도 고층 빌딩과 스모그 때문에 골고루 비치지 않는다. 일조권은 이미 건축물에서 커다란 사회적 비용이 되었다.

이렇듯 '깨끗함'과 '신선함'이 순수하게 남지 못하고 상품화되면서 이들 자원을 둘러싼 빈부격차는 이전의 경제적 불평등에 덧붙여진다. 환경문제는 서구에 의해 주도적으로 부각되었는데, 그 해결 또한 환경산업화를 통해 이룩하자는 서구식 경제 논리가 대세이다. 똥 묻은 개가 겨 묻은 개 나무라는 식이다. 이런 식의 문제 해결 노력은 또 다른 문제 발생으로 이어진다. 환경기술을 통한 환경문제의 해결은 환경오염 자체의 감소보다는—가장 좋은 환경보호는 환경오염원의 제거임을 확인했지만—이를 기득권과 이윤에 이용하려는 집단과 그것 때문에 피해를 보는 계층 사이에 또 다른 대립은 만들어지고 있다.

간단히 말해서 경제적 불평등이 존재하고 있다면 환경문제 해결도 어려워진다. 기득권층이 이미 환경문제를 이윤에 이용하고 있는 것뿐만 아니라 빈곤에 처한 사람들은 환경문제를 스스로 중요한 문제로 인식하기 어려운 조건에 있기 때문이다. 연탄보일러보다 가스보일러가 비용도 싸고 환경오염도 덜 시킨다는 것을 알고 있는 사람이라고 하더라도 가스보일러를 구입할 돈이 없으면 연탄보일러를 쓸 수밖에 없다. 이런 단순한 사례가 국가 간에도 그대로 적용된다. 특히 제3세계의 부채문제는 환경문제 해결을 옭아매는 걸림돌이 된다. 1984년까지만 해도 선진산업국들은 원리상환으로 거둬들인 금액 이상을 해마다 개발도상국에 차관으로 제공해왔다. 그러나 그 뒤 상황은 반전된다. 1988년까지 빈국은 부국에 연간 5백억 달러를 지급해 왔다. 이렇게 엄청난 재원은 개발도상국 자원이 그만큼 황폐해졌음을 의미한다. 산림은 함부로 벌채되었고, 광물은 무분별하게 채굴되었으며, 물고기는 남획되었다. 이 모두가 해외 채권자에게 돈을 지급하기 위한 것이었다.

제3세계의 부채문제는 이렇듯 환경문제에 장애를 가져오는 것뿐 아니라 3세계 경제의 성격을 규정할 정도로 거대한 영향력을 발휘한다. 이 부채청산을 위해 공해산업이라도 수출산업이라면 강행해야 하고 그 때문에 임금동결과 긴축재정이 지속된다. 리피츠가 지적했듯이, 제3세계의 민주화가 더디고 권위주의 정부가 들어서기 쉬운 이유도 바로 이러한 부채에 의한 압박이 그 배후에 있기 때문이라고 할 수 있다. 결국 환경문제 해결을 위해서는 부국과 빈국 간의 공정한 게임 규칙의 적용과 후진국의 부채문제가 국제협상 과정에서 우선적으로 해결되어야 한다.

환경문제의 해결 - 국가 역할의 변화

현대를 국가 몰락의 시대라고 한다. 국제화에 따라 기업의 힘이 월등해지고 국경의 의미도 사라져 가고 있기 때문이다. 화폐의 경우만 하더라도 세계경제의 재정에 따라 개별 국가가 따라가야 하는 형국이 되었다. 이 때문에 국가가 통화를 관리할 수 있는 능력은 점점 작아진다. 국가의 기업규제라는 것도 별 의미가 없어진다. 국가가 기업에 규제를 행사하면 그 기업은 다른 나라로 떠나가 버릴 수 있고, 그렇게 되면 그 나라의 경제만 축나 버리는 결과를 빚는다. 그래서 국가 경쟁력이란 단어 자체가 성립하지 않는다고 보는 이들도 있다. 그렇게 되면 이제 GNP란 것도 무의미하게 된다. 한 나라의 발전 척도를 나타낼 수 있는 기준이 쓸모없어지는 것이다. 한국의 발전이 외국기업에 의해 풍요로워진다 하더라도 그것이 GNP로 나타나지는 않는다. 순전히 기업 경쟁력만 살아남고 있다.

이러한 경제적인 변화를 두고 국가 무용론이 생겨나고 있다. 그러나 과연 그럴까. 국가 역할이 축소된다고 보는 사람들은 순전히 경제적인 측면에서 기업의 역할이 커졌다는 것에 주목한다. 그래서 경제적 범주에서 국가의 역할이 줄어들었다고 생각하기 때문에 국가의 의미 자체가 축소된다고 보는 협소한 시각을 가지고 있다. 그러나 만약 경제적 범주가 아니라 다른 부분에서 새로운 국가 역할이 생겨나고 있다면 국가의 역할이 축소되고 있다고 볼 수 있겠는가. 그렇지는 않다. 국가의 역할이 변화되거나 새로워지고 있다면 그에 따른 평가가 다시 제시되어야 한다.

현대사회에서 국가가 떠맡아야 할 새로운 일들이 급격하게 생겨나고 있다. 그 대표적인 범주가 환경을 둘러싸고 벌어지는 일들이다. 환경오염이 인류 최대의 문제로 등장하면서 새로운 문제 해결에 국가가 전위에 나서야 할 필요성이 대두되고 있는 것이다. 국민의 관심사 중에서도 환경은 쾌적한 생활을 위한 제일의 조건으로 꼽힌다. 환경문제 해결이 중요한 선거공약이 된 것은 1990년대 이후의 일이지만, 벌써 그 공약은 귀에 익어 식상할 정도가 되었다. 한 조사에 의하면, 우리 국민은 21세기에 추구해야 할 과제로 33.7%가 깨끗한 환경을 들고 있고, 이어 26.9%가 사회복지, 25%가 경제적 풍요를 들고 있으며, 국가정책에서도 환경정책을 국방정책보다 우위에 놓고 있다.

　기업은 이윤을 추구하기 때문에 기업 범주에서 생겨났던 환경문제에 대한 책임을 자발적으로 떠맡으려고 하지는 않는다. 그래서 1960년대 이래 정부가 나서서 환경법 등을 제정하여 대처해 왔지만 이것은 극소수에 불과했다. 대부분의 정부가 앞서 보았듯이 비록 공해산업이라고 하더라도 기업에 보조금을 지급하는 경우가 더 많다. 미국의 채광업체라든가 목재회사, 석탄산업 등은 모두 보조금을 받으면서 커 온 산업들이다. 그러나 환경문제가 어떤 선을 넘어 그 피해가 국가의 정당성을 위협할 만큼 커지면 문제에 대응하는 국가의 역할이 달라진다. 환경문제의 경우가 구체적으로 국가의 문제로 드러난 이유는 다음과 같다. 첫째, 환경문제가 한 나라의 문제로만 그치지 않고 다른 나라로 파급되면서 국가 간 갈등이 생기기 쉽다는 점, 그리고 그것 때문에 국제적인 협약이 중요해진다. 둘째, 환경문제 때문에 자국의 노동력들이 건강에 침해를 당하고 그럼으로써 인력생산에 장애기 생긴다. 셋째, 기업과 지역주민 사이에 갈등이 빈번해진 점 등을 들 수 있다.

국가가 환경오염을 방지하기 위한 구체적인 노력은 우선 규제법을 통한 강제적인 방법이 있다. 그러나 국가의 힘이 모든 기업과 지역에 미칠 수는 없기 때문에 규제법 자체 또한 한계가 있다. 유독물질을 500리터 이상 방출할 수 없게 해 놓으면, 499리터를 방출하려는 것이 기업의 생리이기 때문이다. 이렇듯 국가의 규제와 감시는 그 효율성이라는 점에서 일정한 한계를 노출한다. 그래서 국가의 환경규제는 이제 조세정책으로 이전되고 있다. 환경오염 유발이 많을수록 세금을 많이 부과하는 방식이다. 그럴 경우 기업은 최대한 오염을 줄여 세금부담을 줄이려고 할 것이고, 개인의 경우도 환경오염을 촉진시키는 소비제품의 가격이 비싸지므로 구매가 줄어들게 된다. 결국 조세정책을 환경문제 해결에 도입하는 이유는 자발적인 환경오염 방지를 유발하기 위해서이다. 이것은 기업뿐만이 아니라 모든 개개인에게 환경오염에 대한 공동책임을 지움으로써 자발적인 호응을 얻자는 데 그 목적이 있다. 그래서 탄소세, 환경세 등의 세금부과를 통해 국가가 세금을 거둬들인다. 국가가 거둬들인 세금은 각종 환경규제와 지원 사업 등 환경오염 방지를 위한 재원으로 적극 활용된다. 현재까지는 국가에 의한 이러한 조세정책이 환경문제에 대처하기 위한 가장 유용하고 현실적인 대안으로 평가받고 있다.

그러나 여기에도 한계는 많다. 우선은 원인적 대처가 아니라는 것을 지적할 수 있다. 배출량 규제에 초점이 맞춰지기 때문에, 늘 공해배출 이후의 규제라는 사후적 대응일 수밖에 없다. 그리고 또한 국가가 환경오염을 유발하는 개별 기업에 대해 세금을 부과하면 그 기업의 경쟁력은 약화된다. 그래서 국가가 기업보호 차원에서 적극적인 조세정책을 제대로 시행 못하는 경우도 발생한다. 이런 이유 때문에 환경문제는 시장의 차원을 넘고, 또한 한 나라의 차원을 넘어선다. 국가에 의한 계획적인 규제와 국제적인 협약이 필요한 당위성이 여기 있는 것이다.

 이러한 환경문제 속의 국가 역할을 한국에 빗대어 보면 그 수준에 있어 창피할 정도이다. 산업화 초기부터 지금까지 엄청난 양의 말을 환경문제에 쏟아 부었어도 페놀 파동, 수돗물 파동, 낙동강 영산강 오염 등 굵직한 환경사건은 줄줄이 터져 나왔다. 하지만 사후에는 오히려 정부가 기업규제 완화라는 차원에서 환경규제까지 느슨하게 해주는 모습까지 보였다. 국가의 행정적 실천력 부족은 국가의 환경오염 방지력의 감퇴만을 가져오는 것은 아니다. 국민의 환경의식에도 그대로 투영된다. 한국 사람의 환경의식은 어느 설문조사에서나 높지만, 환경실천은 그에 미치지 못한다. 환경상품은 질이 나쁘다고 아예 팔리지도 않고, 음식물 쓰레기도 엄청나다. 지역주민도 환경을 중요시해야 하는 줄은 알지만, 쓰레기 소각장 같은 혐오시설에 대한 소극적인 저항을 벌일 뿐이다. 오히려 지역개발을 이유로 제대로 환경보존운동을 실천하지 못하고 있다. 그린벨트의 중요성은 인정하지만 그것 때문에 자신의 재산권에 피해가 오는 것은 바라지 않고, 문화재 보호를 위해 환경보존이 중요하다는 것은 인정하지만 고속철도가 지나가야 지역이 발전한다고 주장하는 사람들이 아직도 많다. 많은 환경전문가가 "지방자치제 시행 이후 지역발전이라는 명분 아래 개발 속도가 가속화되면서 전 국토가 더욱 황폐해지고 있다."라고 경고하고 있을 정도이다. 국민의 환경의식과 환경실천 간의 괴리가 국가 환경정책의 이중성에 그대로 적용한 결과는 아닌지 곰곰이 따져볼 일이다. 실제로 국가는 환경보존에 따른 피해와 성과가 모든 사람에게 공정하게 배분되도록 선행조치를 취해야 하고, 그에 필요한 중재에도 적극 참여해야 한다. 그리고 국가뿐만 아니라 지역 주민도 눈앞의 이익을 위한 개발이 아니라 진정 후손을 위한 환경보존의 필요성을 깨닫고 이를 생활화할 필요가 있다.

환경문제의 철학

결국 지금까지 환경문제가 파생시킨 여러 사회적인 문제를 풀 때, 우리가 도달하게 되는 지점은 인간 사고에 대한 근본적인 재검토가 있어야 한다는 것이다. '왜 인간은 그 다양한 지식과 역사를 통해서도 이런 결과를 예상하지 못했는가?'에 대한 진중한 자각이 또 다른 비극적 역사를 만들지 않는 궁극적인 해결책이기 때문이다.

앞에서 잠깐 언급하였듯이 환경문제가 우연히 동양적 사고에 관심을 갖게 만들었지만, 좀 더 적극적으로 동양적 사고의 입장에서 수구사상의 근원을 검토해 볼 필요가 있다. 생산합리성의 근원이 된 인간의 욕망과 욕심에 대한 사고구조가 환경에 대한 인간의 시각을 형성한 원초이기 때문이다.

중세 이후 근대에 접어들면서 르네상스 시기의 서구 사상은 휴머니즘이라는 인간중심 사상을 내걸었다. 이것이 이후 서구의 지성을 지배하는 이데올로기가 되었다. 인간중심 사상은 두 가지 측면으로 나타났는데, 하나는 계몽주의라는 인간이성의 발현을 중심으로 한 사상이었고, 또 다른 하나는 니체 등 인간의 감성과 욕구의 발현에 초점을 맞춘 사상이었다. 인간을 그 중심에 놓는다고 하더라도 한쪽은 인간의 이성에,

다른 한쪽은 인간의 감성에 각각의 무게를 두었다. 그래서 이성주의로 인해 산업혁명과 사회계약의 법률이 발흥했고, 감성 중시로 인해 다양한 예술이 꽃피었다. 그러나 중세의 잔재인 기독교 정신도 여전히 영향력을 발휘했다. 근대에 들어서면서 그 발판을 잃었다기보다는 단지 정교일치에서 정교분리로 종교의 사회적 역할이 뒤바뀐 것뿐이라고 할 수 있었다. 서구는 근대에서도 기독교 정신 속에 그들 일상생활의 많은 부분을 유형화시켰다. 그래서 막스 베버는 자본주의 발흥을 이성에 기초한 사회계약보다 더 근원적인 이유로 축적을 부추겼던 프로테스탄트 종교개혁이라는 종교생활에서 찾았다. 다른 한편으로 과학의 발달로 자본주의가 부흥하게 되자 여기에 마르크스주의가 자본주의가 일으킨 부패상을 자본주의의 고유한 성격이라고 보고 자본주의의 타도를 부르짖는 사회주의, 공산주의 이데올로기를 탄생시키기도 했다.

그러나 이러한 서구 사상의 거대한 물결 속에서 도도히 흐르는 인간중심주의에는 자연의 희생을 눈감아 주는 전제들이 깔려 있었다. 기독교의 선민의식은 인간마저도 예정설에 따라 차별이 있을 것으로 생각했기 때문에 자연은 처음부터 끝까지 인간생활의 종속물이 될 수밖에 없었다. 과학발달과 산업혁명의 지적 배경이었던 인간이성론에서도 자연은 자원생산을 위해 희생이 불가피한 것으로 취급되었다. 자본주의의 낭비적 속성을 지적하고 사회주의를 주장했던 마르크시즘조차도 인간의 물질적 생활을 위한 자원과 에너지의 소비는 당연한 것으로 생각했다. 여기에다 신에 대한 관념을 적극 부정했던 마르크시즘 철학은 많은 지구상이 신적 존재들이 자연물과 관련 있다는 생각에 자연을 우상시하는 모든 사조를 비판했다. 물론 자연을 신성화 한 것에 대한 마르크시즘

철학의 비판은 정당한 것이었지만, 이 탓에 마르크시즘이 자연환경에 대한 소홀함을 가져온 것도 사실이었다. 또한 이러한 자연의 소홀에는 서구의 유명한 과학원리인 에너지 불변의 법칙도 많은 공헌을 했다. 아무리 자연이 파괴되더라도 지구상의 모든 근원적인 구성물은 변하지 않는다는 에너지 불변의 법칙은 산업화가 가져온 환경 훼손을 정당화한 과학이론이었다(그러나 1965년 이론인 엔트로피증가론이 나오면서 에너지 불변의 법칙이 옹호했던 산업화도 그 과학적인 근거를 잃고 말았다).

　물론 이러한 서구적 시각에 대한 서구인들 스스로의 비판은 환경위기가 현실적 문제로 등장하면서 본격화되었다. 이제 서구에서 녹색 바람이 불면서 자연과의 조화를 위해 주체로서 인간을 상정하려는 노력이 뚜렷하다. 서구 정당에서는 환경문제를 최대의 현안으로 삼는 녹색당이 약진하고 있다. 지역 수준에서도 환경공해 문제가 차지하는 비중이 가장 크다. 서구의 민주주의 전통을 업고서 환경문제에서도 공동대응과 여론형성에 성공하고 있는 것이다. 그래서 지난 리우 회담에서 '지속 가능한 성장'이라는 환경 모토를 내걸 수 있는 힘을 얻었다. 그럼에도 여전히 서구는 환경문제에 부닥쳐서 이에 효과적이고 근원적으로 대처할 만한 철학적인 근원을 찾지 못하고 있다. 지금으로서는 현대 서구 사상가들에 의해 새로운 지적 전통을 세우는 작업들이 시도되고 있을 뿐이다. 리우 회담의 지속 가능한 성장도 훌륭한 차선책이기는 하지만 결국은 성장을 위한 자연의 보호라는, 즉 환경문제가 성장에 종속되는 틀로 짜이고 말았다. 인식의 틀이 얼마나 사람의 선입관에 의해 좌지우지되는가를 확인할 수 있었던 대규모 회담이었다.

　환경문제의 근본적인 해결이란 곧 지금까지의 발전 문명에 대한 인간의식의 대전환을 뜻한다. 환경문제의 해결은 어떤 종류의 개인주의나 집단이기주의를 부정한다. 환경의식이 있으면서도 나만 편하면 된다는 의식이 환경실천을 더디게 만들듯이, 그리고 자기 나라 공기만 깨끗하면 된다고 공해산업을 외국으로 이전시켜봤자 오염된 공기에 모두 함께 해를 입듯이, 환경문제에서 우리는 어떤 종류의 개인주의도 당사자를 포함한 공멸의 이데올로기임을 확인할 수 있을 뿐이다. 인간은 죽으면 그만이라는 현세주의조차 환경문제 해결을 방해한다. 내가 살아 있는 수십 년 동안은 아무리 환경이 오염되어도 그것이 서서히 진행된다는 생각은 환경 문제의 심각성을 그대로 받아들이지 않게 만든다. 자식을 생각하고 후손을 생각해서라도, 아니면 혹시나 또다시 이 지구에 태어날지도 모를 자신을 위해서도 환경문제는 스스로에게 가장 급박한 문제임을 인식해야 한다. 그러나 그것이 쉬운 일은 아니다. 오히려 지금은 한국적인 이기주의가 환경문제 해결을 더디게 만든다. 후손을 위한다는 유교적 가치관과 내생을 말하는 불교적 가치관의 전통을 가진 한국인데도 말이다. 이에 대한 해답은 개척시대의 인디언들에게서 찾아볼 수 있다. 미국의 대통령이 인디언들에게 땅을 팔라고 하자, "어떻게 우리가 공기를 사고팔 수 있단 말인가. 대지의 따뜻함을 어떻게 사고판단 말인가. 우리로선 상상조차 하기 힘든 일이다. 부드러운 공기와 재잘거리는 시냇물을 우리가 어떻게 소유할 수 있으며, 소유하지도 않은 것을 어떻게 우리에게서 사들이겠단 말인가." 하고 시애틀 추장은 항변했다. 그들은 "당신들의 도시에는 조용한 장소가 없다. 소음으로 가득 차 있을 뿐이다. 인디언은 호수의 수면에서 불어오는 바람이 부드러운 소리를 좋아한다. 한낮에 내린 비에 씻긴 사람 그 자체의 향기를 좋아한다.

우리에게 공기는 더없이 소중하다. 그것은 동물이든 식물이든 혹은 사람이든, 살아 있는 모든 것들이 똑같이 숨결을 나누어 갖기 때문이다."라고 하면서, 문명인의 천박한 소유윤리에 따끔한 일침을 가하였다.

   자본과 이윤, 소유와 독점의 논리로는 결코 환경문제를 해결할 수 없다. 환경문제는 그 성격상 자연에 대한 근본적인 인식의 전환을 요구한다. 이제라도 우리는 자연을 지배의 대상으로만 보아온 그간의 오만을 반성하고 인디언들의 소박하지만 아름다운 자연관을 우리 도시의 가슴에 깊이 되새겨보아야 하지 않을까.